PORQUE HE HALLADO EN JESUCRISTO TODO LO QUE NECESITO EN LA VIDA, Y PORQUE ES MI DESEO COMPARTIR CON OTROS LAS BENDICIONES DE MI FE, ME SIRVE DE INEFABLE GOZO OBSEQUIAR ESTE LIBRO

A: ______________________________,

IMPLORANDO AL SEÑOR QUE LA LECTURA DE ESTAS PÁGINAS LE PROPORCIONE UNA COMPRENSIÓN MÁS PROFUNDA DE LAS GLORIAS DE LA FE CRISTIANA Y LA CONFIANZA EN JESUCRISTO, NUESTRO SALVADOR.

H.W. Gockel

Cristo, mi Salvador

EDITORIAL CONCORDIA • SAINT LOUIS

Propiedad literaria © 2011 Editorial Concordia
3558 S. Jefferson Ave., St. Louis, MO 63118-3968
1-877-450-8694 • editorial.cph.org

Derechos reservados. Ninguna parte de esta publicación debe ser reproducida, almacenada en un sistema de recuperación, o transmitida en alguna forma o por algún medio, electrónico, mecánico, fotográfico, grabado, o de otra forma, sin previo permiso escrito de Editorial Concordia.

Los textos bíblicos que aparecen en esta publicación son de La Santa Biblia, Nueva Versión Internacional, © 1999 por la Sociedad Bíblica Internacional, usados con permiso.

Este libro se publicó anteriormente bajo el título:
¿Qué valor tiene Cristo en tu vida? © 1949, Editorial Concordia.

Versión castellana de Andrés A. Meléndez

Portada: © CPH/Greg Copeland

Editorial Concordia es la división hispana de Concordia Publishing House.

Impreso en los Estados Unidos de América

2 3 4 5 6 7 8 9 10 20 19 18 17

Contenido

Prólogo

A la pregunta: "¿Qué valor tiene Cristo en tu vida?" el verdadero cristiano contesta: Cristo es todo en mi vida. El último nombre en ocupar mis pensamientos conscientes al acostarme y el primer nombre que entra en mi mente al levantarme es el nombre sobre todo nombre, el nombre eterno de Cristo.

¿Y por qué? ¿Qué hay en el nombre de Cristo que me sirve de escala entre el día y la noche y entre la noche y el día y que me acompaña a dondequiera que voy? ¿Qué hay en el nombre de Cristo que lo hace el crepúsculo dorado de todo anochecer y la esplendorosa y animada aurora de todo amanecer? ¿Soy quizás la víctima de alguna ilusión?

¡De ningún modo! Cristo es un hecho. Es un hecho formidable. Es un hecho eterno, perdurable. Es el único hecho alrededor del cual gira todo el cielo y la tierra. Fue un hecho "en el principio", antes de haber sido creados los cielos y la tierra. Fue un hecho antes de la "fundación del mundo".

Y sigue siendo aún el hecho más poderoso del mundo: siempre presente en la vida de todos aquellos que creen en él, siempre prestando su ayuda, sirviendo de guía; pues ha prometido: "He aquí, yo estoy con ustedes todos los días, hasta el fin del mundo."

En Cristo tengo muchas cosas. Él es perdón, paz, gozo, esperanza, seguridad, contentamiento y vida eterna. Es mi amigo, mi compañero, mi consejero, mi profeta, mi sacerdote y mi rey. Y él puede ser todo esto para ti. Aún más, él quiere ser todo esto para ti. "He aquí, yo estoy a la puerta y llamo", dice él, "si alguno oyere mi voz y abriere la puerta, entraré a él, y cenaré con él, y él conmigo." Las experiencias y convicciones que se exponen en este pequeño libro no deben considerarse en modo alguno como las experiencias y convicciones del autor únicamente. Son las convicciones gloriosas de millones de hombres y mujeres cristianos por todo el mundo: hombres y mujeres en tu pueblo, en tu vecindario, quizás en la misma calle donde resides.

Fueron las convicciones de millones y millones que vivieron y murieron durante los siglos pasados. Fueron las convicciones profundas e inseparables, por ejemplo, de Horacio Bonar que vivió hace más de un siglo y que las resumió en las muy conocidas líneas: conocidas líneas:

Oí la voz del Salvador decir
con tierno amor:
"¡Oh, ven a mí, no temas más,
cargado pecador!"
Tal como estaba a mi Jesús
cansado yo acudí;
y luego dulce alivio y paz por fe
en él recibí.

¡En Jesús tú puedes hallar descanso! Lo que él ha sido para millones a través de las edades, y lo que aún es para innumerables multitudes en la actualidad, lo puede ser para ti. Para que tú también puedas recibir por él "dulce alivio y paz", este libro, por la providencia de Dios, ha llegado a tus manos. Si todavía no conoces a Jesucristo como el Hijo de Dios; tu Salvador, tu maestro y tu amigo. Nada ha de ser tan importante como la lectura de estas páginas.

Cristo es tu vida

Si alguien preguntase a un verdadero cristiano qué valor tiene Cristo en su vida, la respuesta sin duda sería la que da el apóstol San Pablo en estas seis palabras: "Para mí el vivir es Cristo", pronunciadas hace alrededor de dos mil años.

El artista que pasa sus muchas horas en la compañía de su pintura y pincel y lienzo puede decir: "Para mí el vivir es el arte." El músico que sólo piensa y sueña y habla sobre su música puede decir: "Para mí el vivir es la música." En un sentido similar, pero inefablemente más sublime, el cristiano dice: "Para mí el vivir es Cristo."

En Cristo el cristiano encuentra la respuesta final a sus más grandes necesidades, la satisfacción completa de sus profundos anhelos, la desaparición entera de sus más tenebrosos temores y el más rico cumplimiento de sus más altas aspiraciones. No nos maravilla, pues, de que diga: "Para mí el vivir es Cristo."

No hay bendición en su vida que no halle su fundamento en Cristo. No importa adónde vaya o adónde mire. Si existe algo bueno, algo verdadero, algo que le proporcione gozo permanente en la vida, reconoce que todo es una dádiva que ha recibido mediante la fe en Jesucristo, el Salvador de su alma.

En él, ante todo, encuentra el perdón completo para sus pecados. La Biblia le dice: "Cristo me amó, y se entregó a sí mismo por mí.". Le asegura: "Y la sangre de su Hijo Jesucristo nos limpia de todo pecado." Y le promete sin el menor requisito: "Para que todo el que cree en él no se pierda, sino que tenga vida eterna." Porque cree en estas promesas y ha recibido de Dios mismo la seguridad de que son verdaderas, puede pasar toda hora del día en la completa convicción de que está preparado para comparecer ante su Dios. Sus pecados han sido perdonados mediante la fe en Jesucristo, su Señor.

Tal conocimiento ha llenado su corazón de paz y gozo y esperanza que el poeta cristiano no podía hallar palabras para describir el gozo de aquel que ha encontrado paz con Dios mediante la fe en Cristo, y por fin anotó éstas:

Del santo amor de Cristo
que no tendrá su igual,
de su divina gracia,
sublime y eternal.

El cristiano ha recibido la seguridad de ese amor sin igual. Por medio de Cristo ha entrado en una vida de tranquilidad, gozo, y esperanza. Por medio de Cristo ha sido hecho hijo de Dios y heredero del cielo.

Por eso puede decir con el apóstol Pablo y con todos los cristianos de todos los siglos: "Cristo es mi vida." Cristo es la vid, el creyente es la rama. El creyente está ligado a Cristo por una deuda de gratitud que toda la eternidad no puede pagar. Y Cristo está ligado al cristiano por un amor tan ilimitado que nadie jamás podrá sondear su profundidad.

Es esa íntima e inseparable relación con Jesucristo, el Hijo de Dios, lo que forma la fuente de su gozo y esperanza interior. En esa íntima relación con él ha hallado la única respuesta para los más profundos anhelos de su alma, tales como perdón, paz, poder, provisión, compañerismo, esperanza, verdad, seguridad, gozo, y el cielo.

Y habiendo hallado éstos, ha hallado la vida; vida plena y libre; vida gloriosa y triunfante; la "vida de abundancia" que Dios ha garantizado para aquellos que acuden a él mediante Jesucristo, su Hijo. Experimenta lo que han experimentado millones de cristianos, a saber que "si alguno está en Cristo, es una nueva creación. ¡Lo viejo ha pasado, ha llegado ya lo nuevo!"

Entre las cosas viejas que han pasado de su vida se hallan el pecado, la culpa, y el temor; la incertidumbre, la duda, y la desesperación. Y entre las cosas nuevas que han entrado en su vida se hallan la certidumbre del amor de Dios, de su guía, y de su protección, de la eterna comunión con Cristo y la indudable perspectiva de la vida eterna con él en el cielo. No hay duda, pues, de que "las cosas viejas pasaron" y de que "todas son hechas nuevas".

Tales son las glorias de la vida del creyente, de esa "vida que está escondida con Cristo en Dios". Y acerca de cada una de estas glorias trataremos en los capítulos subsiguientes de este libro.

Sólo aquel que puede decir con el apóstol San Pablo: "Para mí el vivir es Cristo", puede completar la declaración según la pronunció primeramente San Pablo: "y el morir es ganancia".

¡Cuán dulce el nombre de
Jesús, es para el hombre fiel!
Consuelo, paz, vigor, salud,
encuentra siempre en él.

Al pecho herido fuerzas da, y
calma al corazón;
del alma hambrienta es cual
maná, y alivia su aflicción.

Tan dulce nombre es para mí,
de dones plenitud;
raudal que nunca exhausto vi
de gracia y de salud.

¡Jesús, mi amigo y mi sostén,
bendito Salvador!
Mi vida y luz, mi eterno bien,
acepta mi loor.

Cristo es tu perdón

El creyente tiene en Cristo, ante todo, perdón para su alma. Por medio de su pasión y su muerte en la cruz en lugar del pecador, Cristo pagó el castigo de todos los pecados. La Biblia dice: "¿Son sus pecados como escarlata? ¡Quedarán blancos como la nieve! ¿Son rojos como la púrpura? ¡Quedarán como la lana!" ¿Y por qué? Porque "la sangre de su Hijo Jesucristo nos limpia de todo pecado."

Hay muchos hoy en día para quienes la palabra "pecado" no quiere decir mucho. El pecado, nos dicen, es un error o falta que uno no puede remediar y por lo tanto no es una cosa seria. Para muchos el pecado es simplemente un pequeño defecto que Dios ha de pasar por alto cuando nos llame al juicio final. No son pocos los que se encogen de hombros y tratan con indiferencia el asunto del pecado.

Pero Dios piensa de otro modo. No importa con cuánta indiferencia el hombre hable del pecado; no importa con cuánta astucia trate de explicarlo o excusarlo, Dios ha puesto sobre él su maldición. "Todo el que peque, merece la muerte." "La paga del pecado es muerte." "Maldito sea quien no practique fielmente todo lo que está escrito en el libro de la ley."

El pecado, de acuerdo con la opinión divina, es una cosa terrible, que si permanece sin ser perdonado, por fin ha de separar al hombre de su Creador.

Hay algunos también que asocian la idea del pecado solamente con los criminales: con homicidas, adúlteros, ladrones. Pero Dios dice: "No hay distinción; pues todos han pecado."

"Pero todos se han descarriado, a una se han corrompido. No hay nadie que haga lo bueno; ¡no hay uno solo!" "Todos somos como gente impura; y todas nuestros actos de justicia son como trapos de inmundicia." "Porque el que cumple con toda la ley pero falla en un solo punto ya es culpable de haberla quebrantado toda." Ésas son las palabras del Dios de lo alto.

En lo que a él respecta, no hay diferencia en cuanto a la realidad del pecado entre la anciana cubierta de canas, el respetable padre de familia, la madre que es la reina del hogar, y el hombre que fue sentenciado hace poco por un crimen cometido. Puede que haya una diferencia de grado, pero en cuanto al hecho del pecado no existe diferencia. "Mas la Escritura declara que todo el mundo es prisionero del pecado." "No hay distinción."

Para Dios el pecado es todo desvío de su santa ley en pensamientos, palabras, y obras. Tener un pensamiento impuro, decir una palabra ofensiva, ser irrespetuoso, envidioso o pendenciero es tan pecado como lo es el robo, el adulterio, o la violencia premeditada. Jesús le dijo a la gente de su tiempo que el odio y la ira constituyen una infracción al mandamiento que reza: "No mates." Si tal cosa es verdad, y lo es porque Jesús mismo lo dijo, ¿quién, pues, podrá contar los pecados de que es culpable diariamente todo ser humano?

Hay muchos que jamás se han dado cuenta exacta de esta realidad del pecado. Mientras de un modo general están prestos para admitir sus fragilidades y decir que sienten pesar por ellas, nunca han sentido el peso aplastante de ellas, o su terror, ni las terribles implicaciones del pecado. El gran apóstol, al darse cuenta de la horrible carga de su pecado, exclamó desde lo profundo de su alma: ¡Soy un pobre miserable! ¿Quién me librará de este cuerpo mortal? El dolor penetrante del pecado había hecho una herida muy honda en su angustiada alma.

El salmista David, al darse cuenta de que sus pecados eran lo suficientemente grandes para separarlo de la presencia de su Dios en la eternidad, exclamó: "Mientras guardé silencio, mis huesos se fueron consumiendo por mí gemir de todo el día. Mi fuerza se fue debilitando como al calor del verano, porque día y noche tu mano pesaba sobre mí." David se había dado cuenta de la terrible realidad de su pecado y de la aún más terrible realidad de las consecuencias del pecado. El pecado, su propio pecado, se le había vuelto una terrible realidad en su vida.

Tú también debes sentir el terrible peso del pecado en tu vida. De continuo debes repetir con el apóstol Pablo: "Yo sé que en mí es decir, en mi naturaleza pecaminosa, nada bueno habita." Y con David: "Yo sé que soy malo de nacimiento; pecador me concibió mi madre." Al reflexionar sobre los días de tu niñez no puedes sino ver la innegable verdad del veredicto divino: "Las intenciones del ser humano son perversas desde su juventud." Tienes que estar de acuerdo con San Pablo cuando dice: "Como los demás, éramos por naturaleza objetos de la ira de Dios."

Pero, ¿por qué hablar del pecado cuando empezamos a hablar acerca del Salvador?

Porque nadie puede apreciar el valor que tiene Cristo en su vida a menos que se dé cuenta de la realidad del pecado. Para relatar la historia completa de un rescate en alta mar, es menester primero relatar la historia del naufragio que hizo necesario el rescate. Si Cristo ha de ser nuestro Salvador, es imprescindible saber de qué nos ha salvado.

Precisamente aquí fue donde Cristo entró en tu vida y la llenó con un gozo y una paz que sobrepasan todo entendimiento; pues en él tienes la seguridad del perdón completo de tus pecados y la carga que aplasta a tu alma. Sin Cristo no puede haber perdón. Sin Cristo el curso de tu vida te llevará a un juicio que es demasiado terrible para comprenderlo. Porque "en ningún otro hay salvación, porque no hay bajo el cielo otro nombre dado a los hombres mediante el cual podamos ser salvos." ¡No hay otro nombre, sino el nombre de Jesús! Cristo, el Hijo eterno de Dios, bajó del cielo para hacer lo que tú no podías hacer; y él lo hizo en tu lugar, como tu substituto. Tú no podías cumplir la ley de Dios; de modo que Cristo tuvo que cumplirla por ti. Pero aún más, Cristo padeció el castigo que tú mereciste por tus pecados. Él asumió la culpa que era tuya. Él pagó la pena que tú debiste haber pagado. Él tomó tu lugar delante del tribunal de la justicia divina, y al pagar tu deuda te consiguió tu libertad completa. Por la expiación de Cristo tú saliste absuelto.

El tema de la expiación de Cristo es el hilo dorado que Dios ha entrelazado a través de las páginas de la Biblia. Setecientos años antes del nacimiento de Cristo, el profeta Isaías predijo la muerte del Salvador en el calvario, diciendo: "Ciertamente él cargó con nuestras enfermedades, y soportó nuestros dolores... Él fue traspasado por nuestras rebeliones, y molido por nuestras iniquidades: sobre el recayó el castigo, precio de nuestra paz, y gracias a sus heridas fuimos sanados."

Jesús mismo, hablando del propósito de su venida al mundo, dijo que él había venido para "dar su vida en rescate por muchos." Cierta noche, hablando a uno de los jefes de los judíos, Jesús reveló el propósito de su venida al mundo y particularmente el propósito de su pasión y muerte. Le dijo a Nicodemo: "Como Moisés levantó la serpiente en el desierto, así es necesario que el Hijo del hombre sea levantado (en la cruz); para que todo aquel que en él creyere, no se pierda, sino que tenga vida eterna. Porque de tal manera amó Dios al mundo, que ha dado a su Hijo unigénito, para que todo aquel que en él cree, no se pierda, sino que tenga vida eterna."

Éste fue el glorioso mensaje que proclamaron los apóstoles por todo el mundo poco después de la ascensión de Cristo al cielo. "Cristo murió por nuestros pecados." "Fuimos reconciliados con Dios por la muerte de su Hijo." "La sangre de Jesucristo, su Hijo, nos limpia de todo pecado." "Cristo mismo llevó nuestros pecados en su cuerpo sobre el madero." "Cristo me amó, y se entregó a sí mismo por mí." "Cristo nos redimió de la maldición de la ley, hecho por nosotros maldición." Todos estos y otros pasajes más de la Biblia fueron escritos por aquellos hombres que fueron comisionados por Cristo para predicar el evangelio de la salvación.

En vista de todos estos claros pasajes de la Biblia, puedes ver que Jesús es tu perdón. Todo lo que él hizo lo hizo para tu perdón. Mediante la fe en él participas de la inefable seguridad de aquellos de quienes dice el apóstol: "Ahora pues, ninguna condenación hay para los que están en Cristo Jesús." ¡Ninguna culpa! ¡Ningún temor! ¡Ninguna condenación! Pues todos tus pecados han sido lavados en la preciosa sangre de Cristo.

El apóstol Pablo, al contemplar el maravilloso amor de Dios en Cristo, prorrumpió en el jubiloso himno de fe: "Por lo cual estoy cierto que ni la muerte, ni la vida, ni ángeles, ni principados, ni potestades, ni lo presente, ni lo por venir, ni lo alto, ni lo bajo, ni ninguna criatura nos podrá apartar del amor de Dios, que es en Cristo Jesús Señor nuestro."

Tal es la suprema seguridad de todo aquel que viene a Dios por medio de Cristo. Y ésa es la seguridad tuya. Por medio de Cristo se ha derribado para siempre la pared intermedia de separación que existía entre Dios y tú. Por medio de Cristo ahora tienes entrada libre al corazón amante de tu Padre, porque por medio de Cristo tienes el perdón eterno.

Cristo es tu paz

Dos pintores competían entre sí para ver cuál podía producir una pintura que reprodujese el concepto de la paz. Uno pintó el cuadro de un lago en toda su quietud en lo alto de una montaña. Ni siquiera una pequeña brisa soplaba en aquel lugar. Ni un solo pájaro volaba por aquellos alrededores. Ni un solo elemento venía a perturbar las quietas aguas. Aquello, en la opinión del primer pintor, constituía el cuadro más verdadero en cuanto a la paz y la tranquilidad.

El segundo pintor dibujó el cuadro de una rugiente catarata sobre la cual se extendía parte del ramaje de un gran roble. En la horqueta de una rama que casi era tocada por las turbulentas aguas, pintó un pequeño gorrión echado muy quieta y reposadamente sobre su diminuto nido. En medio de aquel tremendo ruido de la catarata, rodeado de lo que parecía un gran peligro, el gorrión no se afanaba por nada en el mundo: su acogedor nido se hallaba bien arraigado a aquel gran roble, en una rama que no podía ser arrastrada por el empuje de aquella poderosa corriente.

Ambos pintores llegaron a la conclusión que el segundo cuadro en realidad reproducía el concepto más verdadero en cuanto a la paz y la tranquilidad. Quizás ninguno de ellos sabía que en el segundo cuadro se hallaba una excelente reproducción de la paz que el creyente ha encontrado en su Salvador Jesucristo.

La verdadera paz y el verdadero reposo de la vida cristiana no es una paz y un reposo que han de hallarse en un mundo distante, repleto de imaginarias ilusiones, sino una paz y un reposo que han de hallarse precisamente aquí en este mundo que está rodeado de tribulaciones y dificultades.

En la noche antes de que sus enemigos lo crucificaran en el madero del Calvario, Jesús dijo a sus discípulos y a los creyentes de todos los tiempos: "La paz les dejo; mi paz les doy. Yo no se la doy a ustedes como la da el mundo. No se angustien ni se acobarden"..."Yo les he dicho estas cosas para que en mí hallen paz. En este mundo afrontarán aflicciones, pero ¡anímense! Yo he vencido al mundo."

En el mundo, aflicción; en Cristo, paz. Esta es la experiencia de todo creyente, así como ha sido la experiencia de los hijos de Dios en todos los siglos. No se puede negar el hecho de que este mundo no es un sitio característico para practicar la vida cristiana. No me refiero al mundo de alegría y belleza que Dios nos ha dado; las verdes praderas, las encantadoras laderas, los majestuosos picos de las montañas, el azul pabellón del cielo y las suaves y blandas nubes que flotan como almohadas de ángeles a través del cielo. Todo esto es hermoso e inefablemente indescriptible.

Estoy pensando empero en el mundo en el sentido en que la Biblia con frecuencia habla de él; la familia humana según existe apartada de Dios. Es sobre este mundo que nos dice la Biblia: "No amen al mundo ni nada de lo que hay en él. Si alguien ama al mundo, no tiene el amor del Padre. Porque nada de lo que hay en el mundo; los malos deseos del cuerpo, la codicia de los ojos y la arrogancia de la vida, proviene del Padre sino del mundo." Tal es el mundo de fealdad, de vileza, de maldad con que nos hallamos rodeados día tras día, el mundo cuyo paso está lleno de corazones adoloridos y vidas arruinadas y cuyas sepulturas están humedecidas con las lágrimas de honda y lóbrega desesperación.

En nuestra jornada por este mundo, dice Jesús, tendremos aflicción. Pero, "en mí... paz". Tal es el descubrimiento de todo creyente. En Cristo halla paz en medio de la adversidad, paz en medio del conflicto, paz en medio de la oposición, paz no importa cuán pesada sea la carga. El apóstol Pablo, cerca del ocaso de su vida, la cual había estado rodeada de innumerables dificultades, escribió a sus amigos en Éfeso las siguientes palabras: "Cristo es nuestra paz." ¿Qué quiso decir el apóstol?

Sobre todo, quiso decir que en Cristo había hallado paz con Dios. Pablo había sido un gran pecador. Había perseguido a la iglesia de Cristo. Pero por la gracia de Dios se había dado cuenta de la grandeza de su culpa. "¡Miserable de mí!" exclamó en cierta ocasión. Se dio cuenta de la "pared intermedia de separación" que existía entre él y Dios y que, si no era quitada o derribada, lo dejaría separado para siempre de la presencia de Dios.

Pero; y ésta fue la revelación más grande de su vida, aquella pared había sido quitada. A pesar de su pecado, Pablo fue reconciliado con el Padre celestial. Esta reconciliación la proporcionó Cristo. Por eso Pablo pudo escribir a los romanos: "Justificados, pues, por la fe, tenemos paz para con Dios por medio de nuestro Señor Jesucristo." Por esta razón pudo terminar su epístola con el conocido saludo:

"Que el Dios de la esperanza los llene de toda alegría y paz a ustedes que creen en él." Y por esta razón pudo pronunciar su muy conocida bendición sobre sus hermanos cristianos: "La paz de Dios, que sobrepasa todo entendimiento, cuidará sus corazones y sus pensamientos en Cristo Jesús."

La paz de Dios es tuya por medio de Cristo Jesús. Se basa para siempre en el conocimiento de que por medio de Cristo tú y Dios están completamente reconciliados. Aunque tu conciencia te acuse, aunque el mundo señale con desdén tus muchos fracasos, aunque Satanás y el infierno traten de infundir miedo en tu alma recordándote tus muchas iniquidades; repito, aunque el diablo, el mundo, y tu propia naturaleza pecaminosa traten de quitarte esa paz interna que has hallado en el perdón de Cristo, no podrán hacerlo, porque tienes paz con Dios; porque Cristo es tu paz.

Tal es el fundamento, la piedra angular, sobre el cual descansa tu reposo espiritual.

Tienes paz con Dios, tienes paz contigo mismo. Tienes un poder interno que te prepara para combatir todas las vicisitudes de la vida.

Tienes paz en medio del conflicto. ¿Y qué si las cosas no te salen bien? ¿Y qué, si debido a tu lealtad a Cristo, las tormentas de la oposición soplan con implacable furor? ¿Y qué si las aguas de la vida se encrespan por razón de las feroces tormentas de la enemistad y la persecución? ¡Deja que las tormentas rujan! ¡Tienes paz con Dios! Se nos dice que no importa cuán furiosa sea la tormenta sobre la superficie del mar o cuán altas se levanten o rujan las olas, el fondo del mar no sabe nada de las tormentas que inquietan la superficie. En ese fondo todo es calma, todo es reposo. Así también está el corazón que ha hallado su paz con Dios por medio de Cristo. Ninguna tormenta externa puede inquietar su reposo interno.

También tienes paz bajo el peso de la más pesada carga. Sería una insensatez, y faltar a la verdad, decir que la vida cristiana no tiene sus aflicciones. La punzante angustia de la soledad, el desesperante dolor de la enfermedad, la amarga experiencia de la desilusión, el tormentoso pensamiento de la muerte; todo esto lo experimenta el cristiano como lo experimenta todo ser humano. ¡Pero existe una diferencia muy grande! Por medio de Cristo el creyente sabe que aun el dolor y la enfermedad y la muerte son parte de la gracia de Dios para con el creyente. Y así reposa tranquilamente bajo el peso de toda carga.

Sobre todo, tendrás paz cuando seas llamado a hacer la inevitable jornada por el valle de sombra de muerte. Con el Simeón de antaño podrás hacer frente a la muerte con las palabras: "Ahora despide, Señor, a tu siervo en paz, conforme a tu Palabra, porque han visto mis ojos tu salvación." Con el dulce salmista de Israel podrás decir: "Aunque ande en valle de sombra de muerte, no temeré mal alguno, porque tú estarás conmigo." ¿Y de dónde sacarás todo este valor? Del amor de Cristo, por cuya vida y muerte tienes paz con Dios.

La Biblia nos dice: "Tú le guardarás en completa paz a aquel cuyo pensamiento en ti persevera." Millones de cristianos atestiguarán que han hallado más psicología positiva en esas pocas palabras que en toda una biblioteca de volúmenes técnicos sobre este asunto. Millones de cristianos, después de haber conocido el amor de Dios en Cristo Jesús, han aprendido a depositar en Dios todo el peso de sus tribulaciones, confiando en que él se encargará de todo. En sus manos encomiendan todo su ayer, sabiendo que en su misericordia él los perdonará. En sus manos encomiendan el día de hoy, sabiendo que es otro día de gracia. Y en sus manos encomiendan el mañana; sabiendo que todas sus misericordias, que han sido nuevas todos los días, serán tan nuevas y tan seguras y tan suficientes mañana como lo han sido hoy. Los creyentes saben que tienen la paz de esa gran "vida que está escondida con Cristo en Dios".

Cristo es tu poder

En cierta ocasión una madre fue a visitar a su hijo que se hallaba estudiando en una universidad de cierto país. Cuando la madre entró en la habitación de su hijo, no pudo menos que observar los muchos cuadros obscenos que su hijo había colgado en la pared de su habitación. Sintió hondo dolor en su corazón, pero no dijo ni una sola palabra.

Pocos días más tarde el cartero entregó un paquete a aquel joven. Era un regalo de su madre, un hermoso cuadro de la cabeza de Cristo, pintado por Salmán.

Muy contento, y orgulloso de tan singular regalo, el joven colgó el cuadro en la pared frente a su escritorio. Aquella noche, antes de acostarse, quitó uno de los cuadros obscenos más próximo al cuadro del Salvador. El día siguiente, otro cuadro fue consignado al canasto de la basura. Día tras día los cuadros obscenos fueron desapareciendo de la pared hasta que quedó uno solo; el hermoso cuadro del Salvador.

Nadie le había dicho nada al muchacho; nadie le había dicho que quitara aquellos cuadros obscenos. El poder de la contemplación de Cristo fue el único instrumento que lo había impulsado a deshacerse de todos aquellos cuadros obscenos.

¡Tal es el poder de Cristo! Su poder tiene penetración divina. Una vez que el hombre haya hallado su salvación en la sangre de Cristo, encontrará el poder de Cristo expulsando el mal de su corazón e impulsándolo a hacer obras que reflejan el amor y la virtud del cristiano. El poder de luchar contra el pecado y el poder de hacer lo justo y lo bueno son dones que Cristo concede a todos los creyentes.

Pero tenemos que pertenecer a Cristo antes de poder contar con tal poder. Cristo dice: "Como ninguna rama puede dar fruto por sí misma, sino que tiene que permanecer en la vid, así tampoco ustedes pueden dar fruto si no permanecen en mí." Sólo aquel que se adhiere a Cristo mediante una fe viva tendrá el poder de resistir el pecado, vencer la tentación y llevar una vida de bondad cristiana. Fuera de la vid, alejado de la única fuente que da vida espiritual, no existe ningún poder espiritual. "Separados de mí no pueden ustedes hacer nada..."

El apóstol Pablo, que fue transformado de alfeñique espiritual a uno de los gigantes espirituales más grandes del mundo, no guardó en secreto la fuente de donde obtuvo su poder. Dice él: "Todo lo puedo en Cristo que me fortalece." Y en otro lugar de la Escritura escribe: "Vivo yo, no ya yo, mas vive Cristo en mí; y lo que ahora vivo en la carne, lo vivo en la fe del Hijo de Dios, el cual me amó y se entregó a sí mismo por mí."

¿De dónde recibió Pablo el poder para detener sus malos pasos, para dar fin a una indigna carrera de iniquidad, para después llevar una vida bondadosa y decente, para soportar el insulto y la oposición de sus paisanos, sufrir azotes, apedreos y persecuciones, cantar himnos de alabanza en sus prisiones y por fin dar su vida como pago de su fe? ¿Dónde halló aquel poder para padecer y vencer? Él mismo contesta a esta pregunta: "Todo lo puedo en Cristo que me fortalece." Y añade en otro lugar que él no es el que vive, sino que Cristo vive en él. No hay duda de que si alguien hubiese preguntado a Pablo qué valor tenía Cristo en su vida, Pablo habría contestado: "Entre los muchos valores que Cristo tiene en mi vida, uno de ellos es poder, poder para vencer el mal, poder para padecer, poder para obtener por fin la victoria final."

Tú también puedes hallar en Cristo tu fuente inagotable de poder espiritual y moral. En el momento de la tentación, en el momento de la tribulación, en el momento de la duda y la desesperación, acude a Cristo, tu cariñoso Salvador, y dile:

Cúbreme, Señor Jesús de las
olas del turbión;
hasta el puerto de salud guía tú
mi embarcación

y sin falta recibirás su poder: poder para sostenerte firme en medio de la tempestad, poder para vencer las olas rugientes, poder para soportar el peso de la cruz, poder para resistir los furiosos ataques del pecado, o, si has caído, para ponerte en pie y tomar el camino del hijo pródigo y regresar a la casa del Padre celestial y recibir el perdón que pides en arrepentimiento y fe. Tú solo no puedes en modo alguno conseguir estas victorias. Si dependieses de tu anémico poder y débil resistencia, sucumbirías muy fácilmente. Por esta razón dice San Pablo: "No que seamos competentes por nosotros mismos, sino que nuestra competencia proviene de Dios." "Por la gracia de Dios soy lo que soy." Estas confesiones del penitente apóstol deben ser también las *tuyas.*

Para recibir poder de Cristo tienes, por supuesto, que creer en él. Tienes que ver en él al Hijo eterno de Dios, a tu Salvador, a tu amigo inseparable. Moisés fue humano; ya murió, y no te puede ayudar. Pedro, Santiago, y Juan fueron humanos; ya murieron, y no te pueden ayudar. Pero Cristo es el Hijo eterno de Dios, el todopoderoso creador y sustentador del universo. Mediante su resurrección de entre los muertos demostró ser el Hijo unigénito de Dios, que vive y reina con el Padre y el Espíritu Santo siempre un solo Dios por todos los siglos. Nos dice San Pablo: "Cristo fue declarado Hijo de Dios con poder por la resurrección de entre los muertos." Y en otro lugar nos dicen las escrituras acerca de Cristo: "Él sustenta todas las cosas con la palabra de su poder." Con él todas las cosas son posibles, pues él mismo dijo: "Toda potestad me es dada en el cielo y en la tierra." Y ahora tú tienes el privilegio de participar de esa potestad, de ese poder.

Pero, ¿cómo te aplicas la participación de ese poder? ¿Cómo se derrama ese poder en tu flaqueza? ¿Cómo te pones en contacto con ese poder? Ese poder lo recibes de Cristo mediante la fe. Confiando en él recibes su socorro. Él te ha prometido perdón para tu pecado, paz para tu alma, fortalecimiento en las dificultades, valor en la lucha, y poder en el momento de la tentación; y recibes este poder confiando simplemente en que él cumplirá su promesa.

Todos los días puedes recibir la seguridad de ese poder mediante la oración. Cuando la carga te parezca muy pesada, cuando tus hombros parezcan doblarse por el inmenso peso, invócalo, y hallarás que él, o te alivia la carga para equilibrar tu poder, o te aumenta tu poder para equilibrar la carga. Y en su poder, prevalecerás.

Quizás la mejor ilustración del poder de Cristo en aquellos que creen en él se nos da en la vida de sus discípulos. Si hubo alguna vez un grupo de hombres derrotados, desilusionados, y aterrorizados, ese grupo fue el de aquellos discípulos cuando vieron que su Maestro había muerto. Como ovejas asustadas, se refugiaron en un aposento en una de las casas de Jerusalén; débiles, tímidos, temblando y asustados de su propia sombra.

¡Pero qué diferencia cuando estuvieron seguros de que su Señor había resucitado! ¡Cristo vive! ¡Cristo vive! ¡No está muerto! ¡Él está con nosotros, según nos lo prometió! El conocimiento de que su mejor amigo se hallaba vivo los transformó en poderosos testigos. Sabían que por dondequiera que iban, el Señor estaba con ellos. En la vida de aquellos hombres había penetrado un poder tremendo; el poder de Cristo.

Y en ese poder salieron a conquistar el mundo para Cristo. Pedro, el que en un momento de flaqueza había negado a su Salvador, cuando el Salvador, humanamente hablando, más lo necesitaba, viene a ser un valiente predicador de la Palabra. Esteban se mantiene intrépido ante el furor de sus enemigos. Juan predica sin temor en el Templo. Y más tarde, Saulo de Tarso sale en marcha triunfante por el mundo, llevando como estandarte la palabra de Dios. Cristo les había dicho que recibirían poder. Y lo recibieron.

Y a través de los siglos las páginas de la historia se encuentran llenas con los nombres de hombres y mujeres que han vencido el mundo con el poder de Cristo. ¡Cree en el Señor Jesucristo y ese poder es tuyo para siempre jamás!

Cristo es tu provisión

Cierto hombre invitó a unos cuantos amigos a una cena muy rara. Al entrar los invitados al comedor, notaron un telón plateado en un extremo de aquella espaciosa sala y un proyector de películas en el otro. Antes de servir las ostras, el que había invitado mandó que se apagasen las luces, y en el telón se proyectó la escena de unos hombres zambulléndose en el mar y, con mucho trabajo, buscar entre las rocas el muy estimado marisco que se acababa de servir en aquel momento. Cuando los vegetales fueron servidos se proyectó la escena de unos muchachos que debían haber estado en la escuela, o jugando, pero que en vez de eso estaban desgranando garbanzos en el campo. Cuando se trajo el pan se presentaron escenas de cultivo y de la cosecha y de la molienda; el trabajo infinito que es necesario antes de que el pan llegue a la mesa. Se sirvió la carne, y los invitados presenciaron la escena de la ardua tarea de los vaqueros, de los hombres en los mataderos, del trabajo de transportación, antes de que aquella deliciosa carne pudiese llegar a la boca de los participantes de la cena.

Al terminar la cena, entendieron, como jamás lo habían entendido, el gran trabajo y el sacrificio y la lucha por que tienen que pasar otros antes de que podamos gozar de las cosas comunes de la vida. Desafortunadamente, la demostración, aunque tan meticulosa en sus pormenores, no estuvo completa. Pues si el que la ideó hubiese optado por dar otro paso, habría terminado su demostración visual con un cuadro del Salvador levantando sus brazos en señal de bendición, y con el cuadro del Salvador las palabras del salmista: "Los ojos de todos esperan en ti, y tú les das su comida en su tiempo. Abres tu mano, y colmas de bendición a todo ser viviente." Pues es Jesús, el Cristo, el

Hijo omnipotente de Dios, el que provee a toda la humanidad con el alimento cotidiano. Cristo es, pues, tu provisión.

Refiriéndose a Jesús, la Biblia nos dice: "Todas las cosas por él fueron hechas; y sin él nada de lo que ha sido hecho, fue hecho." San Pablo, en alabanza al todopoderoso Dios, escribe a los efesios: "Cristo creó todas las cosas." Y al escribir a los colosenses, el gran apóstol ensalza la infinita potencia de Cristo, en las palabras: "él es la imagen del Dios invisible, el primogénito de toda criatura; porque por él fueron creadas todas las cosas que están en los cielos, y que están en la tierra." En resumen, Jesucristo, junto con el Padre y el Espíritu Santo, es el Creador del Universo. Y no sólo el Creador, sino también el sustentador, pues la Biblia dice de él: "Cristo sustenta todas las cosas con la Palabra de su poder."

Cristo es, pues, tu provisión, el que cuida de todas tus necesidades, tanto temporales como espirituales. Escribiendo acerca de la gran providencia de Dios, Martín Lutero incluyó las siguientes líneas en su Catecismo Menor, que escribió para la instrucción de los niños de su tiempo, hace alrededor de quinientos años: "Creo que Dios me ha creado a mí juntamente con las demás criaturas; que me ha dado mi cuerpo y mi alma, mis ojos y mis oídos y todos mis miembros, mi razón y todos mis sentidos; y aún los sostiene; además, me da vestido y calzado, comida y bebida, casa y hogar, consorte e hijos, campos, animales y toda clase de bienes; que me provee a diario y abundantemente de todo lo que mi cuerpo y mi vida necesitan, me protege de todo peligro y me preserva y libra de todo mal. Y todo esto lo hace por pura bondad y misericordia paternales y divinas, sin que yo lo merezca, ni sea digno de ello. Por tanto, estoy obligado a darle gracias por todo y ensalzarle, servirle y obedecerle. Esto es ciertamente la verdad."

No hay duda de que esto es ciertamente la verdad. Pero es la verdad únicamente porque

Dios se ha hecho nuestro Padre por medio de Jesucristo. Nos dice la Biblia: "Todos ustedes son hijos de Dios mediante la fe en Cristo Jesús." Puedes estar seguro del amor de Dios y de su providencia sólo porque Jesús, mediante su pasión y su muerte, te ha hecho otra vez hijo de Dios. Es claro que en cierto sentido los hijos incrédulos de este mundo reciben las mismas bendiciones materiales que Dios derrama sobre sus hijos creyentes. "Dios hace salir su sol sobre malos y buenos, y hace llover sobre justos e injustos." Pero la relación que existe entre los injustos y Dios no es la relación que existe entre los hijos y el Padre; en ella no existe la confianza del amor que debe existir entre el padre y el hijo; en esa relación sólo se evidencia la impotente dependencia que tiene la criatura con su Creador. Tal relación es muy diferente de la otra.

Cierto emperador romano, después de una gran campaña militar, hacía su entrada triunfal en Roma. Reyes y príncipes estaban encadenados a las ruedas de su carruaje como trofeos de su triunfo. Multitudes se agolpaban en las calles para celebrar el triunfo de aquel gran héroe. Mientras aquella magna procesión pasaba por la calle principal de la ciudad, una niñita, rebosante de gozo, corrió hacia el carruaje del emperador. La mano fuerte de un soldado la detuvo. "Ése es el carruaje del emperador", le dijo el soldado, "no debes tratar de tocarlo". A esto respondió la niñita: "¡Él será su emperador, pero él es mi padre!" Poco después la niñita no sólo se hallaba montada en el carruaje, sino también cariñosamente sostenida en los brazos de su padre. Asimismo se hallan los que han venido a Dios por medio de Cristo. Aunque Dios es el emperador de todos los hombres, él es eso e infinitamente más para todos aquellos que reciben a su Hijo como al Salvador; ¡él es su Padre!

Y como Padre, su amor lo impulsa a proveer todas las necesidades de sus hijos. Es cierto que su amor paternal a veces lo obliga a no dar a sus hijos ciertas bendiciones temporales. Pero la mano que las niega está atada al corazón que ama. Y eso es todo lo que necesitamos saber. Uno de los más hermosos pasajes de la Biblia es aquel del Sermón del Monte en que Jesús habla con toda ternura a sus discípulos acerca del tierno cuidado que el Padre tiene para con sus hijos. "Por eso les digo: No se preocupen por su vida, qué comerán o beberán; ni por su cuerpo, cómo se vestirán. ¿No tiene la vida más valor que la comida, y el cuerpo más que la ropa? Fíjense en las aves del cielo: no siembran ni cosechan ni almacenan en graneros; sin embargo, el Padre celestial las alimenta. ¿No valen ustedes mucho más que ellas? ¿Quién de ustedes, por mucho que se preocupe, puede añadir una sola hora al curso de su vida? ¿Y por qué se preocupan por la ropa? Observen cómo crecen los lirios del campo. No trabajan ni hilan; sin embargo, les digo que ni siquiera Salomón, con todo su esplendor, se vestía como uno de ellos. Si así viste Dios a la hierba que hoy está en el campo y mañana es arrojada al horno, ¿no hará mucho más por ustedes, gente de poca fe? Así que no se preocupen diciendo: '¿Qué comeremos?' o '¿Qué beberemos?' o '¿Con qué nos vestiremos?' Porque los paganos andan tras todas estas cosas, y el Padre celestial sabe que ustedes las necesitan. Más bien, busquen primeramente el reino de Dios y su justicia, y todas estas cosas les serán añadidas."

"¡El Padre celestial!" ¡Qué afirmación tan tierna y consoladora dan estas palabras a las promesas del Salvador! "El Padre celestial sabe que ustedes las necesitan." ¡Qué cuadro tan hermoso cuando un niño, rendido por el cansancio, al atardecer recuesta su cabeza en la falda de su padre, le cuenta sus necesidades y después se entrega al tranquilo sueño! Basta que su padre sepa sus necesidades. Su amor podrá resolverlas, y hallar los medios para remediarlas.

Nuestro Padre celestial conoce también todas nuestras necesidades y deseos, y él puede y desea proveer en abundancia. "El que no escatimó ni a su propio Hijo, sino que lo entregó por todos nosotros, ¿cómo no nos dará también con él todas las cosas?" No hay necesidad en nuestra vida, sea grande o pequeña, que no sea conocida a Dios y que Dios no haya de remediar, si ello tiende a nuestro bienestar temporal y eterno. "Mi Dios les proveerá de todo lo que necesiten, conforme a las gloriosas riquezas que tiene en Cristo Jesús", dice Pablo.

Cierto hombre rico, antes de morir, llamó a su esposa y le dijo que diera una porción de sus bienes a un ministro evangélico pobre que con frecuencia había sido muy bondadoso para con aquella familia. La viuda creyó que era mejor enviar el dinero a plazos. Así, pues, envió cierta cantidad por correo, y dentro del sobre incluyó una notita que decía: "Seguiré enviando." Cada dos semanas, sin faltar, el anciano ministro hallaba un sobre en su buzón, y en el sobre el dinero y la misma notita: "Seguiré enviando."

"¡Seguiré enviando!" Tal es la promesa de

Cristo para todos aquellos que creen en él. Las bendiciones que recibimos hoy no son sino una promesa de las que recibiremos mañana; y las que recibiremos mañana llevarán la promesa celestial de que Dios seguirá enviando. Sus misericordias son nuevas todos los días. Su compasión jamás falla.

El salmista escribe: "He sido joven y ahora soy viejo, pero nunca he visto justos en la miseria, ni que sus hijos mendiguen pan." Aquel que puede dar de comer a cinco mil personas con "cinco panes de cebada y dos pececillos", aún puede sostener a aquellos que confían en él. Su mano de misericordia jamás ha perdido su poder. Jesús dice: "Yo soy el buen pastor." El creyente dice: "El Señor es mi pastor, nada me falta." Él me suple con su abundante provisión diaria. No tengo por qué acongojarme por la necesidad de mañana, pues él cuidará de mí." La Biblia le asegura al creyente: "La piedad para todo aprovecha, pues tiene promesa de esta vida presente, y de la venidera." Cristo ha prometido también cuidar de las necesidades temporales de todos aquellos que se acercan a Dios por medio de él.

Tú tienes en Cristo tu provisión celestial. Si lo has recibido como al Salvador y soberano de tu vida, puedes confiar en él para que sea tu provisión en las necesidades materiales de tu vida. Trata de vivir, con la ayuda de Dios, de acuerdo con el consejo bíblico: "Depositen en él toda ansiedad, porque él cuida de ustedes." Aprende a decir con el poeta cristiano:

Jesús es mi pastor,
conmigo está;
nada con mi Señor me faltará.

Cristo es tu compañero

En la vida de cada uno de nosotros se presentan momentos en que pareciera que el mundo nos olvida por completo, y nos vemos obligados a comer el pan de la soledad. Los ricos y los pobres, los poderosos y los débiles, el que habita en el palacio y el que habita en una cabaña; todos han sentido en uno que otro momento la punzante angustia que les viene a quienes experimentan la soledad, el olvido, y el desamparo por parte de otros.

Quizás no existe dolor más penetrante que el que resulta de la aguda y repentina realidad de que somos el blanco del desprecio de nuestros amigos; que mientras la marcha de la vida pasa por nuestras puertas, nos hallamos observándola solos. El corazón humano palpita de agonía ante la perspectiva de la dolorosa angustia de la soledad; y esa palpitación de agonía no ha de ser completamente silenciada hasta que haya encontrado el solaz y la fortaleza que nacen del verdadero compañerismo.

El creyente fiel tiene un verdadero compañero, un eterno compañero. Ese compañero es Cristo, que dice: "Les aseguro que estaré con ustedes siempre, hasta el fin del mundo."

Ni siquiera pasa una hora en que el creyente no esté consciente de su presencia. De día y de noche sabe que Cristo está con él. En todo momento se halla con Cristo en sincera conversación, compartiendo con él sus problemas y sus perplejidades, buscando guía y dirección. En medio de un día muy ocupado se encuentra con él contándole sus alegrías, compartiendo con él sus triunfos y hablándole en tono de gratitud por las innumerables bendiciones recibidas. Y en todo caso, la seguridad de su presencia y el interés que Cristo demuestra, ora sean alegrías, ora sean sinsabores, le proporcionan nueva vida, nuevo valor, nuevo gozo a su alma.

Pero, ¿cómo puede el creyente estar seguro de que Cristo está con él? ¿Cómo puede estar seguro de que Cristo oye la corriente de pensamientos que fluyen de su mente sin que los haya expresado? Este compañerismo íntimo entre el Salvador y cada cristiano es una de las evidencias más hermosas de la Biblia. Mientras se hallaba aún en la tierra, Cristo habló tierna y frecuentemente acerca de este íntimo compañerismo que existiría entre él y todo aquel que pone toda su confianza en él.

Durante los últimos días de su vida tal parece que este compañerismo sobresalía en su pensamiento y en sus acciones. Repetidas veces aseguró a sus creyentes que aun después de su muerte (y especialmente después de su muerte y resurrección y ascensión a los cielos) él estaría unido a ellos en el compañerismo más íntimo que este mundo jamás haya conocido. "Mis ovejas oyen mi voz", dijo, "y nunca perecerán, ni nadie podrá arrebatármelas de la mano".

Poco más tarde dio esta seguridad a sus seguidores: "En aquel día ustedes se darán cuenta de que yo estoy en mi Padre, y ustedes en mí, y yo en ustedes." Y otra vez: "Yo soy la vid y ustedes son las ramas. El que permanece en mí, y yo en él, dará mucho fruto." No muchas horas antes de su crucifixión oró a su Padre celestial, intercediendo por aquellos que creían en él... "para que sean uno, así como nosotros somos uno. Yo en ellos, y tú en mí". Y por fin, antes de subir a los cielos, dio la seguridad culminante a todos los cristianos de todos los tiempos en las palabras: "Y les aseguro que estaré con ustedes siempre, hasta el fin del mundo." Cristo es el compañero enviado del cielo para todo corazón que pone su confianza en él.

Es de inmenso consuelo ver cómo la Biblia abunda en promesas de la seguridad de la presencia de Dios en la vida de cada creyente. "No te dejaré; jamás te abandonaré" "Yo mismo iré contigo." "No temas, porque yo estoy contigo; no te angusties, porque yo soy tu Dios. Te fortaleceré y te ayudaré; te sostendré con mi diestra victoriosa." "No te dejaré; jamás te abandonaré. Sé fuerte y valiente." El compañerismo de cada creyente con su Dios y Salvador es un compañerismo que se basa en las promesas fieles de un amigo eterno. Por esta razón pudo escribir aquel gran creyente y poeta cristiano:

Jesucristo es nuestro amigo:
de esto pruebas él nos dio
al sufrir el cruel castigo que
el culpable mereció.
Y su pueblo redimido
hallará seguridad
fiando en este amigo eterno y
esperando en su bondad.

El creyente fue traído a este íntimo compañerismo con Cristo mediante el pacto del Santo Bautismo. "Porque todos los que han sido bautizados en Cristo se han revestidos de Cristo." Este compañerismo íntimo con Cristo se fortalece cada vez que el creyente participa de la Santa Cena. "Tomen y coman; esto es mi cuerpo. Beban de ella todos ustedes; esto es mi sangre." En la santa cena, de una manera inefablemente sublime, Cristo se acerca al creyente y le da la seguridad de su bondadosa presencia, su abundante perdón y su gran poder. El creyente participa de la Santa Cena con frecuencia para fortalecer su fe, para recibir la seguridad de que está en íntima comunión con Cristo y para recibir poder para llevar una vida cristiana cada vez más agradable a Dios.

Pero en Cristo el creyente ha encontrado también un compañerismo más extenso. Se ha unido en los lazos del compañerismo espiritual con millones de hermanos creyentes, tanto con aquellos que viven en la actualidad como con aquellos que ya hace tiempo han salido de este mundo para ir a unirse con el Salvador. "Hay un solo pan, del cual todos participamos;

aunque somos muchos, formamos un solo cuerpo", dice Pablo a los corintios. El nombre de Cristo une a más gente que ningún otro nombre. El creyente se siente relacionado y se siente en comunión no sólo con los profetas y los apóstoles, no sólo con los mártires y santos de todos los tiempos, sino también con miles y millones de creyentes que confiesan la fe verdadera en Cristo en diferentes partes del mundo. "También nosotros, siendo muchos, formamos un solo cuerpo en Cristo, y cada miembro está unido a todos los demás", dice el apóstol Pablo. Por eso es que Pablo, cuando escribió a aquellos pocos cristianos en aquella gran ciudad de Éfeso, pudo decir: "Por lo tanto, ustedes ya no son extraños ni extranjeros, sino conciudadanos de los santos y miembros de la familia de Dios." Ya no estaban solos; habían sido recibidos en la familia de Dios, y sus hermanos y hermanas en la fe eran más numerosos de lo que ellos podían imaginarse.

Yo también, exclama el creyente, he sido

recibido en la familia de Dios mediante la fe en Jesucristo. Yo también participo del consuelo y la fortaleza que proporciona el conocimiento de que millones de mis semejantes son hermanos y hermanas en Cristo y que nosotros que creemos en Cristo somos los hijos de un solo Padre. Al sentir esta seguridad y esta convicción, Juan Fawcett recibió la inspiración de escribir aquellas líneas de su hermoso himno:

Sagrado es el amor
que nos ha unido aquí:
a los que oímos del Señor
la voz que llama así.

A nuestro Padre Dios
roguemos con fervor.
Alúmbrenos la misma luz,
nos una el mismo amor.

Allá en la eternidad
nos hemos de reunir,
y en dulce comunión y paz por
siempre convivir.

Por medio de Cristo, dice el creyente, me hallo andando en este mundo acompañado de los más grandes y los más altos y los más nobles que han nacido en la tierra. ¡Qué ilustre compañía! Por medio de Cristo, dice el creyente, me hallo andando en este mundo con aquellos que se distinguen por las obras más nobles que se conocen. ¡Qué gloriosa compañía! Por medio de Cristo soy parte de aquella familia a la cual el mundo debe todo lo que ha recibido a través de dos mil años de influencia cristiana. ¡Qué digna compañía! Por medio de Cristo he dado la mano a aquellos de quienes dice el Salvador: "Ustedes son la sal de la tierra... Ustedes son la luz del mundo." ¡Qué sublime asociación!

¿Me hallo solo? Así parece a veces. Pero en realidad jamás estoy solo. En Cristo tengo un eterno compañero, un amigo que jamás me abandona. Y mediante la fe en su redención he venido a ser "conciudadano de los santos y miembro de la familia de Dios".

¿Quién podría pedir mejor compañía? Cristo, encuentro todo en ti, y no necesito más.

Cristo es tu esperanza

Cierto misionero de Sud África nos relata una historia muy interesante. En el curso de sus viajes tuvo la oportunidad de ser acompañado en cierta ocasión por el señor Cecilio Rhodes, quizás el ciudadano británico de mayor influencia en aquel país. El misionero quedó sorprendido al notar la melancolía y el abatimiento que se evidenciaban en aquel hombre tan prominente. Cierto día el misionero no pudo menos que dirigirse al señor Rhodes y preguntarle con toda franqueza: "Señor Rhodes, ¿se siente usted feliz?" "Jamás olvidaré", nos dice el misionero, "cómo se recostó enteramente en el cojín y, agarrándose firmemente del brazo del asiento, exclamó, mientras me miraba en actitud tensa: '¿Feliz, dijo usted? ¿Yo feliz? ¡Por cierto que no!'" Después de una breve pausa, me dirigí a él y le dije: "Señor Rhodes, hay sólo un lugar donde podemos encontrar la verdadera felicidad, y ese lugar es a los pies del Salvador crucificado, porque sólo allí podemos librarnos de nuestros pecados." Después de otra breve pausa el señor Rhodes, con voz lenta, pero firme, dijo: "¡Daría todo lo que tengo si pudiese creer lo que usted cree!"

El señor Rhodes tenía dinero, amigos, influencia, fama, y todo lo que este mundo puede ofrecer a una persona. Vivía en una casa muy elegante y gozaba del respeto de miles de personas. Pero no había hallado la felicidad porque no había hallado la esperanza. Su corazón no abrigaba la seguridad de un futuro que pudiese proporcionarle aquellas cosas que más necesitaba; paz, gozo, seguridad, y la firme perspectiva de la eterna bienaventuranza en la gloria. Esas cosas se pueden hallar sólo en Cristo. En ningún otro sitio en todo este gran universo puede el ser humano hallar el fundamento en el cual puede edificar sus esperanzas. El hombre ha tratado, pero siempre ha fracasado. Durante los años de prosperidad, el hombre pone su esperanza en los muchos bienes que acumula, sólo para verse rodeado de las cenizas de la desilusión cuando se presenta la crisis económica. Durante los tiempos de opulencia el hombre pone su esperanza en su sabiduría y en su habilidad para lograr una vida de repleta abundancia, pero el pálido rostro de millones que experimentan la desilusión del que funda su esperanza en lo material, y el aspecto de un país en ruinas, que antes se vanagloriaba de su cultura y sus hazañas económicas, ponen de manifiesto el testimonio silencioso de lo trágico que es poner la esperanza en las cosas pasajeras de este mundo.

Sólo en Cristo hay esperanza, porque sólo en Cristo puede el hombre hallar la solución de sus más hondos problemas y necesidades. Es maravilloso ver cómo la Biblia identifica toda la esperanza cristiana con la persona y la obra de Cristo. El apóstol Pablo, por ejemplo, después de haberles escrito a los cristianos de Roma de aquel tiempo acerca del perdón que ellos recibieron mediante la fe en Jesucristo, prosigue diciendo: "Justificados mediante la fe, tenemos paz con Dios por medio de nuestro Señor Jesucristo. También por medio de él, y mediante la fe, tenemos acceso a esta gracia en la cual nos mantenemos firmes. Así que nos regocijamos en la esperanza de alcanzar la gloria de Dios. Y no sólo esto, sino también en nuestros sufrimientos, porque sabemos que el sufrimiento produce perseverancia; la perseverancia, entereza de carácter; la entereza de carácter, esperanza. Y esta esperanza no nos defrauda, porque Dios ha derramado su amor en nuestro corazón por el Espíritu Santo que nos fue dado." Toda la esperanza de Pablo para el futuro estaba en lo que él había hallado en Cristo. Había hallado perdón y paz en Cristo, y se le había asegurado que su perdón y paz se le habían dado como posesión inefable y permanente. Con todo esto como permanencia en su corazón, había hallado el seguro fundamento para su esperanza.

Hasta el fin de mi vivir
él es toda mi esperanza;
Dios me puede hacer
sufrir, cuanta pena
al hombre alcanza.
Del pecado él me guardó:
¡A Jesús no dejo yo!

Es digno de notarse con cuánta frecuencia habla el Nuevo Testamento de la esperanza del cristiano: "la esperanza que ofrece el evangelio", "la esperanza que tengo en la promesa", "los llamados a una sola esperanza", "la esperanza reservada para ustedes en el cielo", "la esperanza de gloria", "la esperanza en nuestro Señor Jesucristo", "la esperanza de recibir la vida eterna", "la esperanza bendita", "el cumplimiento de la esperanza", "la realización final y completa de su esperanza que tenemos como firme y segura ancla del alma", "esperanza viva", y muchas más. Y cuando los escritores del Nuevo Testamento usan la palabra esperanza en relación con el futuro de los hijos de Dios, la usan no en el sentido de un deseo piadoso, sino en el sentido de una confianza segura. La esperanza del cristiano, puesto que está arraigada de la persona y las promesas de Cristo, es una "esperanza que no nos defrauda", una esperanza que es tan cierta como aquel en quien la anclamos; nuestro Señor Jesucristo.

Pero, ¿qué significa esto para el creyente? Quiere decir que por cuanto es hijo de Dios mediante la fe en Jesucristo, el futuro le asegura mucho más de lo que puede esperar. Cristo mismo es la garantía para la felicidad del futuro. Si Dios tuvo a bien enviar a su Hijo unigénito al mundo para padecer y morir para que el pecador tenga vida, y si en su misericordia ha traído al pecador a la fe en Jesús como en su Salvador, lo peor que le puede suceder al creyente ya ha pasado, y lo mejor que le puede suceder se halla todavía en el futuro. Esto es lo que quiere decir la Escritura cuando afirma: "El que no escatimó ni a su propio Hijo, sino que lo entregó por todos nosotros, ¿cómo no habrá de darnos generosamente, junto con él, todas las cosas?" Ésta fue la esperanza de que habló el apóstol San Pablo cuando escribió a su joven discípulo Tito: "Nos salvó, no por nuestras propias obras de justicia sino por su misericordia." Como hijos de Dios, por medio de Cristo, el creyente es ahora heredero de las mansiones eternas. "La vida eterna, una vida inefablemente mejor que la vida que ahora vivo", da a entender él con la mayor firmeza, "es mi herencia en el cielo. Y en cada momento de mi vida tengo delante de mí esa hermosa perspectiva de la sublime vida en las moradas celestiales."

A todo esto se refiere el cristiano cuando dice que Cristo es su esperanza. Su presencia ha de alumbrar toda senda en el camino de su vida, ha de sostenerlo no importa lo que se presente en la vida. Su poder ha de ser su sostén en la hora de la tribulación. La seguridad de que el creyente es de Cristo y de que Cristo es del creyente, le da a todo cristiano la completa garantía de que tendrá la vida eterna con Cristo en la gloria. ¡Qué perspectiva tan hermosa! ¡Qué esperanza tan bienaventurada! Al contemplarla, pudo exclamar el poeta cristiano, pensando en el Salmo 23:

Nada puede ya faltarme
porque el buen pastor me guía
por la tierra saludable en
divinos pastos rica.
Junto a aguas de reposo el
Señor me pastorea:
Manantial de vida eterna que
mi espíritu recrea.

Por las sendas de justicia
me guiará con mano pía,
por amor de su gran nombre
siempre mi alma en él confía.
Aunque en valle tenebroso
peregrine el alma mía,
No tendré temor alguno,
siendo Dios el que me guía.

Su fiel vara y su cayado
ya me infundirán aliento
y ante mis angustiadores
me dará el Señor sustento.
Con el bálsamo divino unge
la cabeza mía
rebosa ya la copa que
me colma de alegría.

Gracia, paz, misericordia,
seguirán la senda mía,
y mansiones celestiales moraré
por largos días.

Nada puede ya faltarme
porque Dios mis pasos guía
por la tierra saludable en
divinos pastos rica.

Cristo es tu verdad

Una de las ansias más grandes del corazón humano es saber la verdad. El atribulado corazón de una madre daría cualquier cosa por saber el paradero de su hijo perdido. El juez que preside en un tribunal desea saber la verdad, en todos sus pormenores, del caso que tiene que juzgar. Saber le verdad pondría fin a miles de ansiedades y agonías en el mundo.

Pero un anhelo aún más profundo por conocer la verdad palpita en el corazón de todo ser humano en el mundo. Aun la persona que profesa no tener ninguna religión confesará con toda honradez que le agobia una tormentosa incertidumbre. Quizás en su orgullo asevere que Dios no existe. En su adentro empero no puede ahogar la pregunta: "Pero, supongamos que exista, ¿qué será de mí?"

Si Dios existe, ¿qué clase de Dios es él? ¿Qué piensa de mí? ¿Qué hará conmigo? ¿Qué papel desempeño yo en el plan que él tiene para el universo, y en particular en el plan que él tiene para la raza humana? ¿Cuál es mi relación con él, y su relación personal conmigo? No importa el lugar donde se halle el hombre, en su interior palpita el deseo de poder contestar a esas preguntas.

¿Y qué hay de la vida futura? ¿Existirá la resurrección? Si así es, ¿qué pasará conmigo? ¿Se determinará el destino de mi vida en la eternidad por lo que hago en esta vida? ¿Me hallo en este momento forjando las cadenas que han de aprisionar mi alma y mi cuerpo para toda la eternidad? ¿Existe el infierno? Y si existe, ¿cómo podré librarme de él? ¿Existe el cielo? Y si existe, ¿cómo podré estar seguro de que algún día estaré allí? Éstas son preguntas que han agobiado el alma del hombre a través de los siglos. Y ellas exigen la verdad como respuesta.

Además, ¿cómo puedo armonizar la vida que ahora llevo? Me alimento, trabajo, duermo, y me despierto. Esto lo hago en repetido proceso día tras día y año tras año. Pero, ¿por qué? ¿Con qué fin? ¿Para gastarme y ser descartado como un vestido viejo? ¿Sólo para quitarme del escenario de la vida para que otros tomen mi lugar? ¿Cómo he de hacer un conjunto provechoso de todos los confusos sucesos de mi vida; mi dura situación, mi enfermedad, mis deudas, mis desilusiones, mis fracasos, mis aflicciones? ¿Por qué me sucede todo esto? ¿Hay algún plan beneficioso en el fondo de todos estos sucesos? Yo quiero saber la verdad.

Sé que muchos han tratado de contestar a todas estas preguntas. Los filósofos han inundado nuestras bibliotecas con libros que tratan de estos asuntos. Han tejido admirables teorías. Pero lo que necesito para que dirija mi vida; que me sirva de guía, de carta, de brújula; no es una teoría que haya sido inventada por cierto hombre que es tan propenso al error como yo. No, yo necesito la verdad; *la verdad de Dios.*

He hallado esa verdad; ¡en Cristo! porque él dijo: "Yo soy la verdad." He depositado toda mi confianza en las palabras de Cristo, primero, porque Dios mismo me ha dicho que las palabras de Cristo son dignas de confianza. Mil quinientos años antes del nacimiento de Cristo, Dios habló a su pueblo por medio de su profeta Moisés y les dijo: "El SEÑOR tu Dios levantará de entre tus hermanos un profeta como yo. A él sí lo escucharás." Como mil quinientos años más tarde, después de la ascensión de nuestro Salvador a los cielos, Pedro se dirigió a una multitud de incrédulos y les dijo que esta profecía se había cumplido en Cristo. "Moisés... presten atención a todo lo que les diga." En otras palabras, Dios me ha dicho que debo oír a su Hijo "en todo lo que él me diga". De modo que busco la verdad en Jesús. Pero aún más. Dios el Padre puso el sello de su divina aprobación en su Hijo y en sus enseñanzas, tanto en la ocasión del bautismo de Cristo como en su transfiguración. En el bautismo de nuestro Señor se nos dice que el Padre habló desde el cielo, diciendo: "Éste es mi Hijo amado; estoy muy complacido con él." En el monte de la transfiguración se nos dice que el rostro del Salvador "resplandeció como el sol, y sus vestidos fueron blancos como la luz", y que el Padre otra vez habló desde el cielo, diciendo: "Éste es mi Hijo amado; estoy muy complacido con él. ¡Escúchenlo!"

Jesús, pues, no es un simple profeta entre muchos profetas, no es un simple maestro entre muchos maestros, no una simple voz entre muchas voces. Él es, según el testimonio del mismo Dios, el único maestro, la única voz de Dios para el hombre. "¡Escúchenlo!" Por cierto que un profeta con tales credenciales tiene que conocer la verdad. También hablará la verdad. Acepto, pues, las palabras de Cristo como la verdad, porque Dios mismo responde por la verdad de su Hijo.

También deposito mi confianza en las palabras de Cristo, pues con su propia boca, me ha asegurado que su evangelio es la verdad. "Si se mantienen fieles a mis enseñanzas", dijo él, "serán realmente mis discípulos; y conocerán la verdad, y la verdad los hará libres". Entonces Pilato dijo: "¡Así que eres rey!" respondió Jesús; sabiendo que pocas horas más tarde había de ser crucificado: "Eres tú quien dice que soy rey. Yo para esto nací, y para esto vine al mundo: para dar testimonio a la verdad. Todo el que está de parte de la verdad escucha mi voz."

A los incrédulos de aquel tiempo Jesús les dijo: "Yo soy la luz del mundo. El que me sigue, no andará en tinieblas, sino que tendrá la luz de la vida." Y poco antes de su muerte aseguró a sus acongojados discípulos: "Yo soy el camino, la verdad y la vida: nadie viene al Padre, sino por mí." Él no sólo sabe la verdad, no sólo tiene la verdad, no sólo trae la verdad, sino que es la verdad. En él la mente incierta del hombre halla la solución para los problemas que perturban el alma.

Y por último, deposito toda mi confianza en las palabras de Cristo, porque toda la Biblia no es sino un testimonio de la verdad celestial del Salvador. "En quien están escondidos todos los tesoros de sabiduría y del conocimiento", nos dice la Biblia. "Toda la plenitud de la divinidad habita en forma corporal en Cristo." Juan, el discípulo a quien Jesús amaba, empieza su evangelio con las muy conocidas palabras: "En el principio (Cristo) ya existía el Verbo, y el Verbo estaba con Dios, y el Verbo era Dios... Y el Verbo se hizo hombre y habitó entre nosotros. Y hemos contemplado su gloria, la gloria que corresponde al Hijo unigénito del Padre, lleno de gracia y de verdad." Para Juan y todos los demás escritores de la Biblia Cristo era el verbo de Dios, el "Verbo se hizo hombre, lleno de gracia y de verdad".

En días como en los que vivimos, en que "tinieblas cubren la tierra, y una densa obscuridad se cierne sobre los pueblos", cuando el corazón desfallece por el temor que rodea a la humanidad, cuando la esperanza de llegar al conocimiento de la verdad en asuntos espirituales parece vana e inútil; Cristo permanece como la única esperanza de la raza humana. Él sigue siendo la luz del mundo, su único camino, y su única verdad.

Hay millones en este mundo cuyos problemas han sido resueltos a la luz del evangelio de Cristo. Para ellos Cristo es el consejero celestial de quien Isaías profetizó, al ver en espíritu setecientos años después el nacimiento del Salvador y exclamar: "Nos ha nacido un niño, se nos ha concedido un hijo; la soberanía reposará sobre sus hombros, y se le darán estos nombres: Consejero admirable, Dios fuerte, Padre eterno, Príncipe de paz."

Cristo es el consejero del creyente. En él la vida cambia de significado. En él se halla la respuesta a esos problemas que en las serenas horas de la noche buscan solución. En él se encuentra la verdad: la verdad acerca de Dios, la verdad acerca del hombre, la verdad acerca de la vida, la verdad acerca de la muerte, la verdad acerca del cielo, la verdad acerca del infierno.

En él, y de las páginas sagradas de su Palabra, se aprende la verdad acerca del origen y el destino del hombre. Se aprende que el hombre es una criatura a quien Dios ha dotado de dones especiales. Se aprende que el hombre, en lo que respecta a su habilidad natural, es completamente corrupto, completamente inútil, y si se deja a su propia iniciativa; condenado a estar separado para siempre de su Creador.

Pero también se aprende que Dios en su misericordia ha intervenido por el hombre. Envió a su Hijo unigénito al mundo para pagar la pena de la culpa de la humanidad, para efectuar la reconciliación entre el Padre y sus descarriados hijos y para obtener la redención completa para todo miembro de la familia humana. Para alcanzar esta maravillosa salvación, Jesús nació, padeció, murió, y resucitó.

De Cristo también se aprende el significado y el propósito de la vida. El que está en Cristo ya no se halla perplejo ante los males, las desilusiones, y los sinsabores de la vida. Aunque hay aún algunas piezas que no puede acomodar al plan divino, él le ha asegurado que cada pieza tiene su lugar destinado en el plan que él ha ejecutado. Mediante su pasión y su muerte para la redención del pecador ha dado una demostración insuperable del amor de él y de su Padre para con el pecador. Teniendo la seguridad de ese amor, puedes estar seguro de que te seguirá guiando y protegiendo: "Sabemos que Dios dispone todas las cosas para el bien de quienes lo aman, los que han sido llamados de acuerdo con su propósito." "El que no escatimó ni a su propio Hijo, sino que lo entregó por todos nosotros, ¿cómo no habrá de darnos generosamente, junto con él, todas las cosas?" Estas verdades él te las ha dado a ti. En esas verdades debes confiar; y conociéndolas, debes estar contento. De Cristo aprendes que hay para ti al fin de la jornada de esta vida un hogar feliz en el cielo. “En el hogar de mi Padre”, te asegura él, “hay muchas viviendas... Voy a preparar un lugar... Vendré para llevármelos conmigo. Así ustedes estarán donde yo esté. Ustedes ya conocen el camino... Yo soy el camino, y la verdad y la vida; nadie llega al Padre sino por mí.” Puesto que sabes lo que se halla al fin de la jornada, nada ha de desalentarte o descorazonarte en tu marcha.

Éstas son las verdades que proceden de los labios de tu Salvador. Han sido dadas por aquel de quien el Padre dijo: “Éste es mi Hijo amado... ¡Escúchenlo!” Las has oído de los labios de aquel que dijo: “Si se mantienen fieles a mis enseñanzas, conocerán la verdad.” Te ha asegurado estas cosas aquel a quien la Escritura llama “El Verbo de Dios”, “el Verbo se hizo hombre”. Te han sido enseñadas estas cosas por aquel de quien la Biblia dice: “En quien están escondidos todos los tesoros de la sabiduría y del conocimiento.”

Te ha dicho estas cosas aquel que dice: "*¡Yo soy la verdad!*" La verdad eterna, la verdad única, que te asegura la bienaventuranza de la gloria sin fin.

Cristo es tu seguridad

En los días en que la colonización de los Estados Unidos de Norteamérica se extendía hacia el oeste, llegó por primera vez a la orilla del gran Misisipí un viajero que había estado caminando todo el día. No había puente para cruzar el río. Era el principio del invierno, y la superficie de aquel poderoso río se hallaba cubierta de hielo. ¿Se atrevería a cruzar el viajero? ¿Sostendría aquel hielo incierto el peso del cuerpo de aquel hombre?

Se hacía noche, y era de suma urgencia que él pasara al otro lado. Por fin, después de mucha vacilación y no menor temor, empezó a cruzarlo lenta y cuidadosamente, usando sus manos y sus pies. Creyó que haciendo esto, podía distribuir el peso de su cuerpo y no hacer muy pesada la carga para que el hielo no se quebrara debajo de él.

Ya que había andado de aquel modo como la mitad de la distancia, oyó el sonido de alguien que venía cantando detrás de él. De entre el crepúsculo vespertino se divisaba un obrero que guiaba una rastra llena de carbón, tirada por cuatro caballos. Cantando y despreocupado cruzaba aquel obrero la helada superficie de aquel río.

Aquí vemos al primer hombre; de rodillas, temblando por temor de que el hielo no fuese lo suficientemente fuerte para sostener su peso. Y allí, como empujado por el fuerte viento invernal, iba el obrero con sus caballos, su rastra y su carga de carbón; todos sostenidos por el mismo hielo sobre el cual andaba en cuatro patas el primer hombre. El obrero estaba acostumbrado a pasar, conocía bien el camino y sabía que el hielo podía sostenerlo a él y a la carga que llevaba, y que podía llegar al otro lado sin novedad alguna.

De igual modo conoce el creyente a Cristo. En toda escena de la vida, en el gozo y en el dolor, en el éxito y en el fracaso, en la salud y en la enfermedad, en cualquier momento cuando parece derrumbarse todo sostén terrenal; confía en Cristo y se da cuenta de que Cristo puede sostenerlo a él y a la carga que lleva, y pasarlo sin novedad al otro lado. Con San Pablo y con todos los demás creyentes de todas las edades puede exclamar: "Sé en quién he creído, y estoy seguro de que tiene poder para guardar hasta aquel día lo que he confiado." El creyente está seguro cierto y persuadido de que su ancla permanecerá firme.

Esta seguridad no es un simple silbido en la obscuridad ni un viaje de recreo a una región imaginaria. Se halla firmemente cimentada en las promesas inmovibles de un libro inmovible, en la garantía sagrada de la persona más sagrada en el mundo, en Cristo y en la experiencia de millones de millones de creyentes que pueden comprobar que Cristo siempre cumple lo que promete.

¿Cuáles son empero las seguridades que la

Biblia da a todos aquellos que se han acercado a Dios por medio de Cristo? Uno de los pasajes más hermosos de la Biblia y al mismo tiempo uno de los más significativos debido a la seguridad que otorga es el de las memorables palabras de Moisés en Deuteronomio 33:27: "El Dios sempiterno es tu refugio; por siempre te sostiene entre sus brazos." Se nos cuenta la historia de un águila que había hecho su nido en un arrecife de peñas que se extendía precariamente sobre un precipicio. Cierto día, mientras se remontaba de regreso a su nido, quedó sobrecogida al observar que el aguilucho que había dejado en el nido estaba luchando en la orilla dentellada de la peña para no caer al abismo de aquel precipicio, cosa que equivalía a una muerte segura. No pudiendo llegar al arrecife antes de que cayese su aguilucho, la madre águila, con la velocidad de un relámpago, se precipitó debajo de la dentellada peña, abrió bien sus alas para detener la caída de su preciosa cría, y con ésta bien agarrada de sus poderosas alas, se deslizó suavemente hasta que llegó a tierra firme y puso a salvo a su aguilucho. ¡Incomparable ilustración para las palabras de Moisés: "El Dios sempiterno es tu refugio; por siempre te sostiene entre sus brazos."

Los que se han acercado a Dios por medio de la fe en Cristo han hallado repentinamente; y no importa cuán agudo haya sido el peligro, cuán severa la crisis, o cuán punzante el dolor; que Dios "por siempre [los] sostiene entre sus brazos".

Esta seguridad del amor de Dios por medio de Cristo -amor que no sólo perdona nuestros pecados y así nos da paz y esperanza, sino que también nos acompaña en nuestra vida diaria y nos rodea con las trincheras protectoras de la seguridad divina- está más allá del entendimiento de todo aquel que aún no ha entregado su corazón al cuidado de su Salvador. Más fácil sería decirle a un ciego que mire los colores del arco iris o a un sordo que oiga el canto del ruiseñor que tratar de explicar la seguridad que tiene el cristiano por medio de su Redentor a uno que aún no ha venido a la fe en Cristo. Esta seguridad divina pertenece a la revelación de la que nos habla la Biblia en las palabras: "Ningún ojo a visto, ningún oído ha escuchado, ninguna mente humana ha concebido lo que Dios ha preparado para quienes lo aman." Quizás este pensamiento inspiró al poeta cristiano a pronunciar las siguientes palabras:

Ni en la tierra ni en el cielo hay
un nombre cual Jesús;
sobre todo, él solo reina, él es
sólo eterna luz.

Es Jesús mi gran riqueza, hallo
en él mi solo bien;
valen más que todo el oro los
tesoros de su Edén.

Es Jesús mi gran sustento, mi
pan suave y celestial;
de mis dichas y mi gozo es el
rico manantial.

Infinita es su ternura, ¿quién la
puede sondear?
Con los ángeles hoy quiero su
grandeza pregonar.

Cierta compañía de seguro exhibe en todos sus anuncios un cuadro del Peñón de Gibraltar. El peñón se ha tomado como símbolo de algo de que podemos depender. Sugiere seguridad. El viento y las olas pueden azotar con ímpetu a esa roca, el tiempo y la marea pueden ir y venir, pero la roca permanece inamovible. Cristo es la roca del cristiano. Millones de creyentes han acudido a la roca, que es Cristo, para hallar en ella refugio y seguridad, como lo expresan las muy conocidas palabras del himno inmortal:

Roca de la eternidad,
fuiste abierta para mí.

Quizás pocas personas en el mundo han reconocido con mayor realidad lo que quiere decir estar protegidos por una roca que aquellos que defendieron la isla de Malta contra los incesantes bombardeos aéreos del enemigo en 1941. Desde sus bien protegidas cavernas de roca podían observar día tras día; sin daño alguno, las bombas que caían a su alrededor. Fuera de la roca les esperaba una muerte segura. Dentro de la roca se hallaban libres del peligro.

La roca en la cual se refugia el creyente cuando el mundo a su alrededor parece hundirse en confusión y catástrofe es el amparo de la seguridad de Dios, la seguridad que Dios le ha dado en Cristo. "Así que no temas, porque yo estoy contigo; no te angusties, porque yo soy tu Dios. Te fortaleceré y te ayudaré, te sustentaré con mi diestra victoriosa." "No temas, que yo te he redimido; te he llamado por tu nombre, tú eres mío."

Éstas y otras miles de seguridades de parte de Dios fueron vestidas de personalidad humana cuando "el Verbo se hizo hombre y habitó entre nosotros". Jesucristo es la personificación de todas las seguridades divinas. Él es la roca de la seguridad, la roca de la salvación, en el cual toda la humanidad puede hallar refugio y seguridad. Todo lo que Dios ha ofrecido al hombre para su seguridad espiritual se lo ha ofrecido por medio de Cristo. "Yo soy la puerta", dice Jesús, "el que entre por esta puerta, que soy yo, será salvo. Se moverá con entera libertad, y hallará pastos".

El creyente ha hallado esos pastos. Día tras día puede nutrir su alma con la seguridad que Cristo le ha dado. Le ha dado la seguridad de su amor, su cuidado, su presencia, su protección. Firme en estas seguridades el creyente da cada paso. En estas seguridades afianza su vida. Y éstas son las seguridades que algún día darán fortaleza a sus débiles pies cuando sea llamado a emprender su jornada por el valle de sombra de muerte.

Rudas batallas tendré que
librar, contra mil males
tendré que luchar,
Pero tu gracia, Jesús, bastará;
cada momento me sustentará.

Cristo es tu gozo

Un comandante de la armada británica nos relata la historia acerca de cierto hombre rico de la India que tuvo que pasar por un tremendo sacrificio cuando se hizo cristiano: "Tan pronto como fue bautizado", escribe el comandante, "le fueron quitados todos sus bienes, y su esposa e hijos lo abandonaron". Cierto día el comandante preguntó a aquel convertido: "¿Puede usted soportar todas las inconveniencias que tiene que pasar por el hecho de haber recibido a Cristo?" El nuevo creyente le respondió: "Muchas personas me hacen esa misma pregunta, pero nadie me pregunta si puedo soportar el gozo que siento en mi corazón; pues desde que conocí a Cristo siento un gozo en mi corazón que nadie jamás me podrá quitar."

La experiencia espiritual de este hombre ha

sido la experiencia de todo aquel que ha recibido a Cristo como su Salvador personal, pues el tal puede decir, y en efecto lo dice: "De todos los gozos de la vida, no he hallado ninguno mayor ni más rebosante que el estar seguro de que por medio de Cristo Dios ha venido a ser mi Padre, mis pecados han sido lavados, y el cielo será mi morada eterna."

La religión de Jesucristo es esencialmente una religión de gozo. Es faltar a la verdad cuando alguien trata de representar al cristiano como a una persona de rostro triste y expresión melancólica. La misma vida de Cristo es una contradicción viva a la suposición de que para ser un cristiano consecuente es menester ser un apóstol de la tristeza. El Salvador se hallaba con mucha frecuencia en compañía de la gente común de su tiempo, participaba en sus entretenimientos inocentes y santificaba sus goces hogareños con la bendición de su presencia. Los fariseos de su tiempo se quejaban frecuentemente de que Jesús no era tan estricto como Juan el Bautista; que se mezclaba muy a menudo con gente común y que todo su comportamiento estaba falto de aquella austeridad y severidad con que estaban acostumbrados a distinguir a un profeta. "Este hombre recibe a los pecadores y come con ellos", murmuraron en cierta ocasión.

Cristo había venido al mundo para proclamar una religión de gozo. Ya en la noche de su nacimiento el heraldo celestial había anunciado: "No tengan miedo. Miren que les traigo buenas noticias que serán motivo de mucha alegría para todo el pueblo. Hoy les ha nacido en la ciudad de David, un Salvador, que es Cristo el Señor." A dondequiera que iba, en toda su vida terrenal, llevaba gozo al que sufría, aliento al atribulado, y verdadero consuelo a los que se hallaban a la sombra de la muerte. El supremo propósito de su ministerio terrenal era restablecer el gozo en los corazones humanos atormentados por las cadenas del pecado y la tristeza.

Es muy significativo con cuánta frecuencia el Salvador se refirió a este gozo en la noche antes de su crucifixión. Después de hablar extensamente a sus discípulos respecto de la íntima relación que existía entre ellos y él, relación que había de continuar aun después de su muerte y resurrección; usando el símbolo familiar de la vid y las ramas, les dice: "Les he dicho esto para que tengan mi alegría y su alegría sea completa." Su continua presencia en la vida de ellos habría de ser una fuente continua de gozo y alegría, también después de su partida. Pero mientras el Salvador en aquel mismo momento miraba hacia los acontecimientos del futuro podía ver las inevitables tribulaciones por que habían de pasar aquellos que ponían su confianza en él, y por esta razón, da a sus creyentes la siguiente seguridad: "Nadie les va a quitar esa alegría." Nuestro gozo será nuestra posesión permanente.

Todo el que se toma el tiempo de leer la

historia de la iglesia cristiana primitiva, según se halla en los libros del Nuevo Testamento, estará de acuerdo en que el gozo era la nota dominante en la vida de los apóstoles de Cristo. Esto no quiere decir que la vida de aquellos creyentes en Cristo fue siempre una vida rodeada de hermosas y fragantes rosas. No, tuvieron que padecer tribulaciones en el mundo. Pero hallaron gozo en medio de la tristeza, y alegría en medio del dolor. "Aparentemente tristes, pero siempre alegres; pobres en apariencia pero enriqueciendo a muchos", es la manera como lo expresa la Biblia.

Así por ejemplo, después que Pedro y sus compañeros fueron azotados y encarcelados por haber predicado el evangelio, leemos que "los apóstoles salieron del consejo, llenos de gozo por haber sido considerados dignos de sufrir afrentas por causa del Nombre [de Cristo]." Y más tarde se nos dice que después que Pablo y Silas fueron cruelmente azotados y metidos en la cárcel de más adentro y apretados los pies en el cepo, "a eso de la medianoche... se pusieron a orar y a cantar himnos a Dios." Habían experimentado un gozo tan profundo, tan firme y tan seguro que los sufrimientos de esta vida no eran sino espuma en la superficie del mar. Su gozo era inmutable. "Nadie les va a quitar esa alegría."

Y se afanaban para que otros fueran partícipes de su gozo. Una y otra vez los oímos ofrecer el gozo del evangelio, el gozo de la salvación, a otros que aún no lo conocían. "Alégrense siempre en el Señor. Insisto: ¡Alégrense!" Así escribe San Pablo a los filipenses. "¡Estén siempre alegres!" es el consejo que da a los tesalonicenses. Al enumerar las bendiciones de la fe cristiana, Pablo escribe a los gálatas: "En cambio, el fruto del espíritu es amor, alegría, paz..." A los romanos les escribe: "El reino de Dios es... justicia, paz y alegría en el Espíritu Santo." Y Pedro escribe a los cristianos que habían sido esparcidos por el Asia Menor que, puesto que habían venido al conocimiento de la salvación mediante la fe en la sangre de su Redentor, ahora se alegraban "con gozo indescriptible y glorioso". Para Cristo, para sus apóstoles y para los primeros cristianos el mensaje del evangelio era un mensaje de gozo, y la vida del creyente era una vida de gozo pues estaba basada en ese mensaje. Por eso canta el cristiano:

Que cada instante pueda ver
un nuevo triunfo de mí ser,
creciendo en gozo, fe y amor,
hasta llegar a ti, Señor.

El gozo del creyente, dice la Biblia, es gozo "en el Señor". Halla su fuente en Cristo. La permanencia de nuestro gozo depende por lo regular de la fuente de nuestro gozo. El gozo de un niño que ha recibido un helado ha de ser corto debido a la naturaleza transitoria del objeto de su gozo. El gozo del joven que halla su suprema satisfacción en el ejercicio de su vigor juvenil empezará a desaparecer cuando la juventud llega a la senectud. El gozo de la joven que ha hallado su supremo bien en su atractivo y belleza desaparece cuando terminan esas cualidades atractivas. Y el gozo del hombre de negocios que ha puesto el afecto de su corazón en la riqueza y la prominencia quedará en la nada en el momento de la pérdida total de sus bienes. No hay, pues, la menor duda de que la permanencia de nuestro gozo dependa de la fuente de nuestro gozo. Por eso es que el gozo del cristiano se funda siempre "en el Señor".

La verdadera felicidad no se halla, pues, en la incredulidad ni en el placer ni en el dinero ni en la fama ni en la gloria militar, sino únicamente en aquel que dijo: "Se alegrarán, y nadie les va a quitar esa alegría."

Lo que Jesús fue para sus discípulos y para los creyentes de la iglesia primitiva, es aún hoy día para millones de almas creyentes en todo el mundo. El cristiano es el ser más feliz del mundo. En realidad, no hay persona en la tierra que tenga más derecho al gozo y a la felicidad que aquel que confía en Cristo. Sólo el que confía en Cristo sabe sin la menor sombra de duda que todos sus pecados han sido perdonados y que por medio de Cristo tiene un lugar seguro en la mansión de su Padre. Sólo el que confía en Cristo tiene la seguridad divina del consuelo en medio del dolor, de la fortaleza en medio de la enfermedad, del solaz en medio del luto y de la victoria final en medio de la más terrible calamidad. Y esta seguridad está firmada y sellada con la sangre del Hijo de Dios mismo. El mundo jamás ha conocido seguridad más grande.

Este gozo, el gozo inefable de aquel que es hijo de Dios, es también tuyo, mediante la fe en Cristo. En esa fe, no importa cuál sea la circunstancia, cuán triste la perspectiva o cuán desconsoladora o desconcertante la dificultad, puedes no obstante extraer de la abundancia del gozo que Dios ha depositado en todo corazón humano que se ha llegado a él por medio de

Cristo. La seguridad de su perdón, su paz, su poder, su presencia en toda escena de tu vida ha quitado de tu existencia toda tristeza y la ha llenado de un gozo santo. Fue esta grande y sublime seguridad la que inspiró al poeta cristiano a expresar el siguiente pensamiento:

El camino es él,
él es la verdad,
y la vida eterna en él está.
Acude a Jesús,
que es el manantial
de la verdadera felicidad.

Cristo es tu cielo

Una niñita estaba caminando con su padre por un camino estrecho en el campo. La noche era clara, y la niña estaba admirando el esplendor del cielo, lleno de brillantes estrellas. Después de reflexionar por un momento, de repente se dirigió a su padre y le dijo: "Papacito, estaba pensando; si este lado del cielo es tan hermoso, ¡cuán hermoso será el otro lado!"

Ninguna lengua o pluma ha podido todavía describir la gloria, el esplendor y la magnificencia de la morada del Padre en lo alto. Que es un lugar de extática belleza e incomparable esplendor lo indica el apóstol San Juan en el libro del Apocalipsis al describir las glorias del cielo en la belleza de preciosas joyas y rarísimos metales.

¡El cielo no puede ser otra cosa que

hermoso! Es la morada de nuestro Dios, el palacio real del Rey de reyes. Y en ese palacio –qué hermoso pensamiento– el Hijo de Dios ha ido a preparar lugar para aquellos que confían en él como su Salvador. Mediante la fe en su misericordia redentora subirán los creyentes algún día a ese hogar celestial, más exquisito, más hermoso, más glorioso que la descripción que pueda hacer de él el lenguaje humano.

Jerusalén la excelsa
gloriámonos en ti,
Perpetuo, caro ensueño
de la grey tuya aquí.

La grey que ya tus
glorias en lontananza ve,
y al verla, sus afanes
redobla por la fe.

En lontananza ve el cristiano las glorias del cielo; pero está seguro, por la palabra de

Dios, de que las glorias del cielo serán de él. Y esta seguridad inmovible la halla en Jesucristo, su Salvador. Uno de los capítulos más tiernos de toda la Biblia es el que describe la reunión solemne que tuvo el Salvador con su pequeño número de discípulos la noche en que fue entregado. Allí, casi a la sombra de la muerte que se aproximaba, Jesús consoló a sus tristes discípulos con estas memorables palabras: "No se angustien... En el hogar de mi Padre hay muchas viviendas: si no fuera así, ya se lo habría dicho a ustedes. Voy a prepararles un lugar. Y si me voy y se lo preparo, vendré para llevármelos conmigo. Así ustedes estarán donde yo esté." Esas palabras de Jesucristo, el Salvador, valen más que todas las riquezas del mundo.

Hay algo acerca de la vida más allá de la sepultura que llena el corazón de terrible espanto y solemne maravilla. Aun el pensamiento del cielo; con su inefable gloria y esplendor, a veces nos llena de temor, y nos preguntamos: "¿Cómo me sentiré en el cielo? ¿Serán extrañas para mí las mansiones celestiales?" Todos nuestros temores desaparecen cuando podemos afirmar, con las palabras de nuestro Salvador: "El hogar de mi Padre." El soberano de todas las cosas se ha hecho mi Padre por medio de Cristo, y el ir al cielo es una bendita reunión del Padre con sus hijos. Es de gran consuelo y fortaleza y gozo para el creyente saber que más allá de los portales de la eternidad existe un hogar en que prevalece la amistad de su Padre.

Así como el Salvador aquella noche miró a través de todos los siglos y vio las innumerables multitudes que habían de venir a la fe en él, así también pensó que era propio recordarles que es ilimitada la expansión de la casa de su Padre, habrá suficiente lugar para todos los que vienen al Padre por medio de la fe en él. Y por eso les dice a todos sus creyentes: "En el hogar de mi Padre hay muchas viviendas."

Puedes estar seguro de que habrá suficiente lugar para ti. Aquel que derramó en ti toda su misericordia y que ha prometido guardarte hasta el día de su reino celestial, te ha reservado lugar. Dice el apóstol Pablo: "Sé en quién he creído, y estoy seguro de que tiene poder para guardar hasta aquel día lo que he confiado." Y otra vez: "Por lo demás me espera la corona de justicia que el Señor, juez justo, me otorgará en aquel día; y no sólo a mí, sino también a todos los que con amor hayan esperando su venida."

Hay algo significativo en cada expresión del Salvador con referencia a la casa de su Padre. Él habla como uno que ha estado allí. "Si no fuera así, ya se lo habría dicho a ustedes." Así como el que se para en lo alto de una montaña y mira el valle que está al otro lado e informa a sus compañeros de lo que ve, así el Salvador nos habla de la casa de su Padre y nuestro Padre. Las calles de la eterna ciudad le son conocidas. Las mansiones de la casa de su Padre están delante de su vista en todo su esplendor y claridad. Él sabe lo que está más allá del valle, porque ha venido de allí. Por eso es que puede hablar acerca del cielo y decir: "Si no fuera así, ya se lo habría dicho a ustedes." Es de gran consuelo saber que tenemos un amigo que ya ha pasado infinitas edades en las mansiones eternas de su Padre, que sabe el camino, y que mediante su Pasión y su muerte en la cruz por nuestros pecados, ya nos ha abierto ese camino. En las manos de tan divino Redentor podemos confiar nuestra alma ahora y siempre.

Hay otro pensamiento consolador en las palabras que Cristo dirigió a sus discípulos aquella noche, pensamiento que ha infundido fe y valor en el corazón de los creyentes desde aquel tiempo: "Vendré para llevármelos conmigo." Del mismo modo en que una madre consuela a sus hijos que lloran, de quienes ha de separarse por un momento, con estas dulces palabras: "Vendré para llevármelos", así también el Salvador consuela a sus temerosos discípulos con la seguridad de que volverá otra vez. Los tendré que dejar, les dice, pero: "no se angustien... vendré para llevármelos."

Cuánto efecto tuvo aquella simple promesa

del Salvador en el corazón de sus temerosos discípulos a través de los años que les esperaban se evidencia por medio de la historia bíblica. Por cierto, habrían de sufrir tribulaciones y aflicciones, dolores y persecuciones, pero sólo hasta que volviera otra vez el Salvador. Entonces sería diferente. Su venida, bien al fin del mundo o al fin de la vida de sus discípulos, esparcía un resplandor dorado sobre el camino del resto de su jornada terrenal. Caminaban hacia la luz de su regreso. Y en esa luz desaparecían todas las sombras.

Así también sucede en la vida de todos aquellos que han puesto su confianza en el poder y la misericordia del Salvador. Todo dolor, toda desesperación, toda desilusión y todo luto pierden su amargura en la dulzura de la tierna promesa del Redentor: "Vendré para llevármelos." Vendré otra vez para cambiar su dolor en gozo, su desesperación en alegría, y su luto en la bienaventuranza de las moradas eternas y comunión con el Padre.

Fue en aquella misma noche cuando Jesús oró al Padre y le dijo: "Padre, quiero que los que me has dado estén conmigo donde yo estoy. Que vean mi gloria, la gloria que me has dado porque me amaste desde la creación del mundo." Él comparte con su Padre un deseo que, cuando lo repite a sus discípulos, se hace una promesa: "Vendré para llevármelos conmigo. Así ustedes estarán donde yo esté." Jesús ha conseguido la aprobación y el permiso de su Padre para llevar a sus amigos consigo a compartir su gloria en la casa de su Padre. Mediante su pasión, muerte, y resurrección ha abierto la puerta del hogar de su Padre y ahora tenemos entrada libre al cielo. Por eso pudo decir: "Así ustedes estarán donde yo esté."

Pero, ¿puedo estar seguro de que Cristo tiene el poder de cumplir estas promesas? ¡Sí, lo puedo estar! ¿Por qué? Porque Cristo mismo resucitó de entre los muertos y se mostró victorioso sobre el pecado y la muerte y el infierno. Como sesenta años después de su muerte y resurrección y ascensión a los cielos, se le apareció a su amado apóstol Juan (el apóstol que escribió las palabras consoladores del Salvador respecto de las mansiones en la casa de su Padre) y le dijo: "Yo soy el que vive. Estuve muerto, pero ahora vivo por los siglos de siglos, y tengo las llaves de la muerte y del infierno." Mediante su resurrección de entre los muertos Cristo demostró ser el Hijo de Dios con poder para cumplir sus promesas. Su victoria sobre el sepulcro es la seguridad de nuestra vida eterna. Su salida del sepulcro nos proclama que nosotros también algún día saldremos del sepulcro. "Porque yo vivo, ustedes vivirán", es la seguridad que les da a todos los que creen en él. "Yo soy la resurrección y la vida. El que cree en mí vivirá, aunque muera; y todo al que vive y cree en mí no morirá jamás." Sólo por el hecho de que Cristo resucitó pudo exclamar el apóstol Pablo: "¿Dónde está, oh muerte, tu victoria? ¿Dónde está, oh muerte, tu aguijón? El aguijón de la muerte es el pecado, y el poder del pecado es la ley. ¡Pero gracias a Dios, que nos da la victoria por medio de nuestro Señor Jesucristo! " Y el mismo apóstol dice en otro lugar: "El hecho es que Cristo se ha levantado de entre los muertos, primicias de los que murieron." Así como los primeros frutos son la garantía preliminar de la cosecha final, así la resurrección de Cristo es la garantía de que nosotros resucitaremos para la vida inmortal, en la cosecha final y mayor. La resurrección de Cristo es la aprobación final que Dios ha dado a la obra redentora de su Hijo. Y ahora, porque él vive, nosotros también viviremos.

Cristo vive para llevarte al cielo. En ese hogar distante se halla el cumplimiento entero de todas tus esperanzas. Allí vive el Salvador que ha preparado una morada para ti, y te ha preparado a ti para su morada. Allí moran los que te han precedido en la fe. Y allí -hermoso pensamiento- tú también vivirás algún día. Morarás allí únicamente porque Dios te ha extendido gratuitamente su bondad y su gracia, cuya dádiva a todos los creyentes "es vida eterna en Cristo Jesús, nuestro Señor." He ahí por qué el más grande de los apóstoles, al contemplar las vicisitudes y las vanidades de este mundo en que vivimos, pudo decir ya casi al fin de su vida: "Deseo partir y estar con Cristo, que es muchísimo mejor." Y otra vez: "Para mí el vivir es Cristo, y el morir es ganancia."

Desde lo profundo de tu alma puedes decir con el poeta cristiano:

Al mundo de falacias no
pertenezco ya;
el cielo es mi morada,
do mi Señor está.
A donde Cristo habita con
ansia quiero ir;
y en sempiterno gozo con él
también vivir.

Índice de los pasajes bíblicos

Aquí presentamos una lista de todos los pasajes bíblicos citados en este libro, arreglados según el orden en que aparecen en cada página.

–PÁGINA 24–

Romanos 7:24
Salmo 32:3-4

–PÁGINA 25–

Romanos 7:18
Salmo 51:5
Génesis 8:21
Efesios 2:3

–PÁGINA 26–

Hechos 4:12

–PÁGINA 27–

Isaías 53:4-5

–PÁGINA 28–

Mateo 20:28
Juan 3:14-16
1 Corintios 15:3
Romanos 5:10
1 Juan 1:7
1 Pedro 2:24
Gálatas 2:20

–PÁGINA 29–

Gálatas 3:13
Romanos 8:1
Romanos 8:38-39

–PÁGINA 35–

Juan 14:27
Juan 16:33

–PÁGINA 36–

1 Juan 2:15-16

–PÁGINA 37–

Efesios 2:14
Romanos 7:24
Efesios 2:14
Romanos 5:1

–PÁGINA 38–

Romanos 15:13
Filipenses 4:7

–PÁGINA 40–

Lucas 2:29-30
Salmo 23:4
Isaías 26:3

–PÁGINA 41–

Colosenses 3:3

–PÁGINA 44–

Juan 15:4-5

–PÁGINA 45–

Juan 15:5

Filipenses 4:13
Gálatas 2:20

–PÁGINA 46–

Filipenses 4:13

–PÁGINA 47–

2 Corintios 3:5
1 Corintios 15:10

–PÁGINA 48–

Romanos 1:4
Hebreos 1:3
Mateo 28:18

–PÁGINA 54–

Salmo 145:15-16

–PÁGINA 55–

Juan 1:3
Efesios 3:9
Colosenses 1:15-16
Hebreos 1:3

–PÁGINA 57–

Gálatas 3:26
Mateo 5:45

–PÁGINA 59–

Mateo 6:25-33

–PÁGINA 60–

Mateo 6:32

–PÁGINA 61–

Romanos 8:32
Filipenses 4:19

–PÁGINA 62–

Salmo 37:25
Juan 6:1-14
Juan 10:14
Salmo 23:1
1 Timoteo 4:8

–PÁGINA 63–

1 Pedro 5:7

–PÁGINA 66–

Mateo 28:20

–PÁGINA 67–

Juan 10:27-28

–PÁGINA 68–

Juan 14:20
Juan 15:5
Juan 17:22-23
Mateo 28:20
Hebreos 13:5

Éxodo 33:14
Isaías 41:10

–PÁGINA 69–

Josué 1:5-6
Gálatas 3:27

–PÁGINA 70–

Mateo 26:26-27
1 Corintios 10:17

–PÁGINA 71–

Romanos 12:5
Efesios 2:19

–PÁGINA 73–

Mateo 5:13-14

–PÁGINA 74–

Efesios 2:19

–PÁGINA 80–

Romanos 5:1-5

–PÁGINA 81–

Colosenses 1:23
Hechos 26:6
Efesios 4:4
Colosenses 1:5
Colosenses 1:27
1 Tesalonicenses 1:3
Tito 3:7
Tito 2:13
Hebreos 6:11
Hebreos 6:18-19

–PÁGINA 82–

1 Pedro 1:3
Romanos 5:5

–PÁGINA 83–

Romanos 8:32
Tito 3:5-7

–PÁGINA 92–

Juan 14:6
Deuteronomio 18:15
Hechos 3:22

–PÁGINA 93–

Mateo 3:17
Mateo 17:2, 5

–PÁGINA 94–

Juan 8:31-32
Juan 18:37
Juan 8:12
Juan 14:6

–PÁGINA 95–

Colosenses 2:3
Colosenses 2:9
Juan 1:1, 14
Isaías 60:2

–PÁGINA 96–

Isaías 9:6

–PÁGINA 98–

Romanos 8:28
Romanos 8:32

–PÁGINA 99–

Juan 14:2-6
Mateo 17:5
Juan 8:31-32
Juan 1:14
Colosenses 2:3

–PÁGINA 100–

Juan 14:6

–PÁGINA 105–

2 Timoteo 1:12

–PÁGINA 106–

Deuteronomio 33:27

–PÁGINA 107–

Deuteronomio 33:27

–PÁGINA 108–

1 Corintios 2:9

–PÁGINA 110–

Isaías 41:10
Isaías 43:1

–PÁGINA 111–

Juan 1:14
Juan 10:9

–PÁGINA 117–

Lucas 15:2
Lucas 2:10-11

–PÁGINA 118–

Juan 15:11
Juan 16:22

–PÁGINA 119–

2 Corintios 6:10
Hechos 5:41

–PÁGINA 120–

Hechos 16:25
Juan 16:22
Filipenses 4:4

1 Tesalonicenses 5:16
Gálatas 5:22
Romanos 14:17

–PÁGINA 121–

1 Pedro 1:8
Filipenses 4:4

–PÁGINA 122–

Filipenses 4:4
Juan 16:22

–PÁGINA 129–

Juan 14:1-3

–PÁGINA 130–

Juan 14:2
Juan 14:2

–PÁGINA 131–

2 Timoteo 1:12
2 Timoteo 4:8
Juan 14:2
Juan 14:2

–PÁGINA 132–

Juan 14:3
Juan 14:3
Juan 14:1, 3
Juan 14:3

–PÁGINA 134–

Juan 17:24
Juan 14:3
Juan 14:3

–PÁGINA 135–

Apocalipsis 1:18
Juan 14:19
Juan 11:25-26
1 Corintios 15:55-57

–PÁGINA 136–

1 Corintios 15:20

–PÁGINA 137–

Romanos 6:23
Filipenses 1:23
Filipenses 1:21